眠られぬ教師のための
社会科授業づくりの
メソッド

伊藤　裕康

はじめに

　コロナ禍で，大学授業がオンデマンドとなりました。そこで，一読して分かる授業資料づくりに追われることになりました。この作業を，文字通り月月火水木金金体制で，必死でやり続けています。この授業資料を構成し直し，加筆修正して本書をまとめようと思いました。本書は教職志望者や教員になって間もない方を対象に，社会科授業づくりに必要なことをカバーすることに心がけました。ところどころに問いかけがあり，直後にはこたえはありません。読み進めることで，問のこたえが出てきて，分かってきます。あきらめず読み進めてください。大丈夫です。読みやすいものにしたつもりですから。また，大切なことは繰り返し学ぶことが一番です。切口を変えながら，同じことを繰り返している箇所が幾つかあります。そんな時，既習したことが忘れかかっていたら，面倒くさがらずに，以前学んだ箇所を再読してください。理解が増すはずです。

　私は，初任時に図工で研究授業をしました。小学校３年生に柿の木を描かせました。研究授業までに様々な図工関係の書物にあたり試行錯誤を繰り返しました。しかし，しっくりときません。眠られない日が暫く続きました。研究授業日１週間前になり，やっと私なりに納得できる上野省策(1981)『美術の授業－すべてのこどもが生きる美術の指導－』国土社，にめぐり会いました。子ども達に柿の木や葉っぱを触らせながら描かせることに辿り着き，どうにか研究授業を終えることができました。本書は，社会科が専門でない方や，社会科が苦手な方も視野に入れています。専門でもない社会科の研究授業をすることになって悶々としている方に，一条の光を投げかけるとまではいきませんが，マッチの光ぐらいにはなるようにと努めました。

　暫く続くベテラン教員の大量退職と若い教員の増加で，「社会科らしい社会科授業」の実現が求められています。ベテラン教員の実践知を如何に継承発展させ，若い教員が力量形成を図るかも喫緊の課題です。それ故か，ここ最近，ハウツーに関わる本が数多く刊行されている気がします。小中の教職を経験した実践者の視点と大学に籍を置く研究者の視点から類書にない味付

けをして，本書をまとめるように努めています。類書が多く出回る中，屋上屋を架す愚は犯さないように心がけたいと思いました。

　小学校2年生の子が，3年生から始まる社会科を早く学びたいと思っているという文章を読んだことがあります。しかしながら，教職志望学生の「社会科教育の原風景」は惨憺たるものだと思います。多くの者は，社会科は〇〇を覚える好きではない教科というイメージを持ち，社会科を学ぶ「意味」は失われているのではないかと思えるほどです。

　「憧れ」は童の心と書きます。子どもがひとなり大人となると，「憧れ」も人の夢と書く「儚いもの」になるのでしょうか。社会科に初めて出会った時の「憧れ」を，子どもが持ち続けることに，社会科が「儚いもの」にならないために，少しでも手助けできれば，筆者として望外の喜びです。

5月21日

目　次

はじめに

第1講　授業びらき－始めよければ終わりよし－

　キリスト教には，「原罪」という考え方があります。これは，元来，的外れということを意味する言葉で，神の御心に従えず，神に向かいあえないで，向いている方向がずれている事を言います。たとえ，どんなに良い社会科の授業を実現しようと務めても，向かっているところが社会科の本質からずれていては，駄目だと思います。それは，もしかしたら「罪」つくりなことに精を出していることになるかもしれません。え！「罪」つくり！さすがにそれはないでしょう。頑張っているのだから，と思いますか。でも，「罪」つくりなことに加担している可能性は排除できないのです。このことが腑に落ちない人は，この先進んでいけば，追々分かってくるはずです。

　それでは，社会科とはどのような教科なのでしょうか？このことに答える前に，すこし，別の角度から問いかけをしたいと思います。

二つの実験から

　赤ちゃんに満足な食事，清潔な衣服とその交換，運動を自由に出来る環境は与えます。ただし，世話をする人との人間的なコミュニケーションを一切禁止したら，赤ちゃんはどうなるでしょうか？下記の予想からこれと思うものを下の()の中に書き入れ，そう思った理由も書いて下さい。

　　予想　ア　喜怒哀楽の乏しい子どもになる。
　　　　　イ　死んでしまう。
　　　　　ウ　発育が不全になる。

> そう予想した理由は？

　この問題のような実験をした人がいます。神聖ローマ帝国フレデリック2世（1194年–1250年，在位：1220年–1250年）です。神聖ローマ帝国フレデ

リック２世は，数人の捨て子の新生児を保母や看護婦に，抱いて母乳を飲ますことも風呂に入れて洗ってやってもよいが（栄養とスキンシップと清潔の環境は許可），どんな方法にせよ機嫌をとったり，話しかけてはならぬ（愛情の表現と言語交換の剥奪）と命じました。彼は，子どもが生まれつき話すのはヘブライ語か，ギリシャ語かあるいはラテン語か，それとも生みの親の話すドイツ語なのかを確かめたかったのです。学問好きのフレデリック２世の実験目的は果たされないままに終ってしまいました。なぜなら，子どもたちはどんな言葉をも憶える前にみんな死んでしまったからです。皆死んでしまったのは，どういうことでしょうか。

実は，その後も，フレデリック２世の実験と同じようなことが行われました。ナチスが行った実験です。ナチスは，感情のない最強兵士を養成するため，ユダヤ人の赤ちゃんに満足な食事，清潔な衣服とその交換，運動を自由に出来る環境は与えましたが，世話をする人との人間的なコミュニケーションをとることを一切禁止しました。赤ちゃんは，数ヶ月後には皆死んでしまったのです。

イが正答です。岸本（1989，154）は，フレデリック２世の実験に対して，「子どもたちは保母が手で撫でてやったり，笑顔を向けてやったり，あやし言葉をかけてやらなければ生きていけない存在であることを，これ程象徴的に示している逸話はないともいえる。」と述べています。最近，スキンシップが，成長ホルモンであるオキシトシンを体内で増やすことが分かってきました。赤ちゃんは，人との一切のスキンシップがなかったから，オキシトシンが体内で生まれず，死んでしまったのかもしれません。

ここでは，以上のことから，人として生きて行くには，人との関わりが必須であると言えます。まずは，人は，人との関わりが必須であることを確認しておきたいと思います。

子どもが好きな教科は

では，次の問題です。小学生が社会科を好きな教科と答えたのは，小学校の諸教科(国，算，社，理，音，図，家，体)及び総合的な学習の時間の中で何番目だったでしょうか。予想した理由を（　　）に書いて下さい。

予想　ア　1位
　　　イ　2位～4位
　　　ウ　4位～7位
　　　エ　9位

そう予想した理由は？

では，実際はどうでしょうか。下の表を見てください。

社会科は何位でしょうか？社会科を除いた順位は，体育，家庭，図工，理科，総合的な学習の時間，音楽，算数，国語の順になります。参考までに，小学校5年生では84.6%の子ども，小学校6年生では82.6%の子どもが，「社会科の勉強は大切だ」という質問では肯定しています。さて，社会科は，いったい何位でしょう？

教科名	「とても好き」＋「まあ好き」の%
国語	53.4%
算数	62.8%
社会	%
理科	68.5%
音楽	66.8%
図工	79.1%
家庭	84.3%
体育	84.6%
総合的な学習の時間	67.0%

第4回学習基本調査（ベネッセ教育総合研究所（2006年））より

2006年の小学生 2,726 人を対象としたベネッセの第4回学習基本調査では，「社会科が好き」の割合は9教科中最低の48.8%でした。このような調査はしばしば行われており，その度に社会科は子どもにとって好まれる教科とはなっていないという芳しくない結果がでています。

楽しくて，社会科である授業を

　子どもの社会科嫌いの理由は様々考えられますが，楽しい社会科授業を目指さないと駄目であると言えそうです。ただし，楽しい社会科授業は，面白おかしい授業ではありません。社会科の本質に基づく楽しさのある，図I-1のI「楽しくて，社会科である授業」です。Ⅲ「楽しくないし，社会科でもない授業」は論外です。楽しさを追うあまり面白おかしいⅣ「楽しいけれど，社会科ではない授業」をしがちです。Ⅱ「楽しくないが，社会科である授業」の方がためになります。

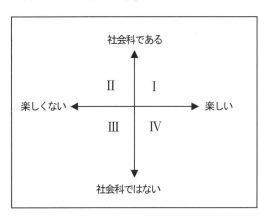

図I-1　社会科授業の位相

　では，社会科か否かをどう区別するのでしょう。佐藤（2006）は，ビギナー教師だけでなく，ベテラン教師からも「社会科は難しい」「何をどのように指導したらよいのか，よく分らない」という声を聞くが，最大の原因は教師の社会科の特性への理解不足にあるといいます。この問題は楽しい社会科授業実現の点からも大切です。

　　　筆者は，学部時代に，図工科教育法の教官がシベリア抑留体験を切々と語った後で，戦後教育は「自主的価値判断」ができる子を育てないといけないと語ったことが忘れられません。社会科は，戦前の社会や教育を反省し，民主主義社会の形成者育成のため，1947 年に誕生しました。学習指導要領流に言えば，「グローバル化する

国際社会に主体的に生きる平和で民主的な国家・社会の有為な形成者として必要な公民としての資質(の基礎)を養う」ためです。「公民的資質の基礎を育成するには"今ある社会を探り，あるべき社会を志向する"ように導くことが大切」（社会科勉強会 1983，4）です。社会科創設期，民俗学者の柳田国男は，「社会科とは，『かしこく正しい選挙民となるにはどうすればよいか』とも表現すべき大きな問題解決学習だといえる」と言いました。

　2016 年の EU 離脱の是非を問うイギリスの国民投票では，残留派議員が殺される痛ましい事件も起きました。僅差で離脱が上回りましたが，驚くことに，投票後にイギリスで最も多かったインターネットの検索関連のキーワードは，「EU 離脱は何を意味する？」であり，2 番目が「EU って何？」だ

表Ⅰ-1　「私たちと次の世代の生命と暮らしの持続可能性を妨げる課題にどんなものがあるか」に関わる課題

領域	課　題
社会・文化	【人権】人種や民族・性・障害等をめぐる差別や偏見の解消，いじめ・虐待等の防止とケア
	【平和】戦争やテロの防止，核兵器・地雷・不発弾等の除去，海洋の安全
	【文化】異文化理解推進，歴史的遺産や文化等の多様性と伝承・継承
	【健康】HIV・エイズをはじめとしたグローバルな感染症等の病気の予防・治癒と食や薬の安全
	【統治】民主的で誰もが参加可能な社会制度の実現，公正な権利と収益の保障
	【犯罪】地域や学校・家庭で起こる犯罪や非行・いじめ・虐待等の防止とケア
	【情報】学校や家庭を超えた個人情報の漏洩，ネット犯罪，情報操作や扇動，情報格差の解消
環境	【天然資源・エネルギー】水・石油・原子力・レアメタル等の資源・エネルギーの維持，漁業資源の維持と生物多様性の保持，森林破壊防止と生物多様性の保持
	【農業】持続可能な農業の実現
	【環境】地球温暖化等の地球環境破壊の防止と回復，森林破壊防止，海洋汚染の防止
	【農村開発】持続可能な農村生活の実現
	【都市】持続可能な都市生活の実現
	【災害】多発する風水害等の様々な自然災害の防止と緩和
経済	【貧困削減】途上国・先進国間，各国における経済格差や貧困の克服
	【企業の社会的責任・説明責任】企業の社会的責任・説明責任の促進
	【市場経済】公正な市場経済の実現

（伊藤 2016）

ったことです。投票率は72.2%に上りましたが，多くの国民が意味するところを理解せず投票した可能性があります。しかも，投票後，離脱を進めた政治家から公約の嘘を認める者が出て，投票を後悔する声もあがりました。

　「かしこく正しい選挙民」になる必要性が高まっていると思われます。眼前には，「私たちと次の世代の生命と暮らしの持続可能性を妨げる課題」が山積し(表Ⅰ-1)，持続可能な社会の形成が問われます。原子力問題から分るように，あの時が分岐点と思う時代にいるのかもしれません。確たる政策を持たぬ候補者が，人気や勢いで当選することがあります。それが度々続けば，衆愚政治に陥ります。武力で政府転覆をはかり投獄されたヒットラーは，「ナチス党の未来は，投票箱の中にある」と方針転換し，選挙で政権掌握し，独裁政治を行いました。民主主義社会に生きるわれわれは，民が社会をつくる主となるべく，「かしこく正しい選挙民」になりたいものです。

騙されない人づくりと社会科

　さて，先ほどのEU離脱の是非を問う投票では，離脱を進めた政治家の公約の嘘を見破れず騙されて投票してしまった人がいたと言えましょう。このことは，私たちの歴史を考えてみても，とても他人事とすますわけにはいきません。敗戦後，文部省（文部科学省の前身）は，1946年と1947年に戦後の教育方針を『新教育方針』としてまとめました。その中の「第4章　科学的水準及び哲学的・宗教的教養の向上」の「1．真実を愛する心がいかに必要であるか。」の冒頭部分を見てみましょう。

　　われわれはさきに日本国民の弱点として，合理的精神にとぼしく科学的水準が低いことを述べた。そして軍国主義者及び極端な国家主義者が，かうした弱点を利用しやすいことを説いた。このことはいひかへれば，真実を愛する心，すなわち真実を求め真実を行う態度が，指導者に誤り導かれぬために必要であることを意味する。（下線は引用者）

　戦後の教育は，「指導者に誤り導かれ」て，戦争に突入していった歴史の反省のもとに始まりました。そして，戦後の教育改革の中心教科として，1947年に社会科が誕生したわけです。

　ここで，考えてみてほしいのです。もし，教師が騙されていて，誤ったことを子どもたちに教えていたらどうなりますか。実際，社会科とも関わる戦前の教科である，地理，国史，公民，修身は，国家主義的な教育を進める道具となり，戦争遂行に加担させられてしまいました。

　作家の三浦綾子は，高等女学校を卒業後，7年間小学校教員を勤めましたが，敗戦によりそれまでの国家のあり方や，自らも関わった軍国主義教育に疑問を抱き，1946年に小学校を退職してしまいます。そして，その直後に，肺結核を発病してしまいます。敗戦後の三浦の心の様子が，自伝的小説『道ありき〈青春編〉』に，次のように克明に記されています。

　　「人間である前に国民であれ」
　　とは，あの昭和15，6年から，20年にかけての最も大きな私たちの課題であった。今，この言葉を持ち出したならば，人々はげらげらと笑い出すことだろう。
　　そうした時代の教育は，天皇陛下の国民をつくることにあったわけである。だから，この教育に熱心であるということは，私たちの人間観が根本的に間違っていたということになる。
　　　　　　　　　　　　　　　　（中略）
　　アメリカの指令により，わたしたちが教えていた国定教科書の至る所を，削除しなければならなかった。
　　「さあ，墨を磨るんですよ」
　　わたしの言葉に，生徒たちは無心に墨を磨る。その生徒たちの無邪気な顔に，わたしは涙ぐまずにはいられなかった。先ず，修身の本を出させ，指令に従いわたしは指示する。
　　「第1頁の2行目から5行目まで墨で消してください」
　　そう言った時，わたしはこらえきれずに涙をこぼした。
　　　　　　　　　　　　　　　　（中略）
　　わたしは，生徒より一段高い教壇の上にいることが苦痛であった。こうして，墨をぬらさなければならないということは，一体どんなことなのかとわたしは思った。
　　（今までの日本が間違っていたのだろうか。それとも，日本が決して間違っていないとすれば，アメリカが間違っているのだろうか）
　　　　　　　　　　　　　　　　（中略）

わたしにとって，切実に大切なことは，
「一体どちらが正しいのか」
ということであった。
なぜなら，わたしは教師である。墨でぬりつぶした教科書が正しいのか，それとも，もとのままの教科書が正しいのか知る責任があった。
誰に聞いても，確たる返事は返ってこない。みんな，あいまいな答えか，つまらぬことを聞くなというような，大人ぶった表情だけである。
「これが時代というものだよ」
誰かがそう言った。時代とは一体何なのか。今まで正しいとされて来たことが，間違ったことになるのが時代というものなのか。

ここからは，真摯に教える立場で教師としての務めを果たした人の苦悩がうかがい知ることが出来ます。

騙されない人づくりを

ところで，授業びらきには，担当教師の自己紹介がつきものです。そこで，筆者の名前から，筆者が考える社会科について紹介してみましょう。

㋑ちばん大切なことは，社会科では，	伊
㋣うぜんと思うことを疑い	藤
㋒そに騙されない人づくりをすることです。そのために，	
㋪ろい視野から，多面多角的に考え，	裕
㋺うを惜しまず，	
㋳すきにつかず，	康
㋜すんで考え抜く子どもを育てることです。	

筆者は，社会科は騙されない人づくりのためにあると思っています。
さて，なぜ，三浦綾子は教師を辞めてしまったのでしょう。この問いと係わって，面白い仏教的な伝承があります。皆さんは，「賽の河原」を知っていますか。人は死んだら三途の川を渡るとされています。その三途の川のほとりが賽の河原です。そこでは，親より先に亡くなった子どもたちが，親を悲しませた罪滅ぼしにと河原の石を高く積みあげています。しかし，やっと

高く積みあがった頃に鬼たちがやって来て，積んだ石を崩してしまいます。崩されたら，子どもたちはまた最初から石を積み直し，やっと積みあがるとまた崩され……。これを延々と繰り返します。これが「賽の河原の石積み」です。皆さんは，「賽の河原の石積み」の話しから，どのようなことを感じますか。「賽の河原の石積み」の物語を，別のお話から読み解いてみましょう。

　ギリシャ神話に，「シーシュポスの岩」という話があります。シーシュポスは神々を欺いたことで，ゼウスの怒りをかい，罰を受ける事となります。彼は山頂まで大岩を運ぶよう命じられます。大岩を山頂まで運ぶと，岩は重みで底まで落ちてしまいます。彼は，また山頂まで大岩を運ぶのです。そして，大岩を山頂まで運ぶと，また，岩は重みで底まで落ちてしまいます。シーシュポスは永遠にこの苦行を繰り返さなくてはいけないのです。「賽の河原の石積み」と似ていると思いませんか？似たのは，偶然でしょうか。筆者は，偶然ではないと思います。どちらも，人は「意味」のないことをさせられることは苦痛，苦役に感じることを示唆しているのではないでしょうか。人は「意味」を求める存在と言えそうです。

　三浦綾子さんは，自分のしてきた教育活動に「意味」を感じられなくなったのではないでしょうか。それどころか，間違った方向に子どもたちを導いてしまったという悔恨の情にとらわれたのではないでしょうか。こうなると，単に苦痛，苦役に感じるだけでなく，空しさや虚無感，さらには罪悪感に苛まれたのかもしれません。

　こう見てくると，Ⅳの「楽しいけれど，社会科ではない授業」は，実は恐ろしい授業になる可能性があることが分かります。単にただ楽しいだけなら，まだ問題はありません。これが，間違った方向に子どもたちを導く「楽しいけれど，社会科ではない授業」になってしまったとしたら罪悪だと思いませんか。

　第Ⅰ講の最後に，ドラえもんのある話にふれて終わりにします。

　ドラえもんに「どくさいスイッチ」という作品があります。のび太がドラえもんから出してもらった「どくさいスイッチ」で，その人の名前を言ってスイッチを押すと消えてしまうという話です。のび太は，気に入らない人や邪魔な人を消していって，結局，最後はどうなったと思いますか？

のび太は，結局，皆消してしまって，自分一人の世界を創ってしまいました。まるごと地球がのび太のものになり，「僕は独裁者だ」と言って，自分の好きなようにやれて良かった良かったとなったでしょうか。のび太は，結局「ひとりでなんて…，」「生きていけないよ…。」と嘆くのでした。そこへ，消されたはずのドラえもんが出てきて，元の世界に戻すという話です。この話，皆さん，「そうだ，そうだ」と思いませんか。結局，人間は，人間という字の如く，一人では生きていけないのです。一人では生きていけない人間が集まり，力を合わせて社会をつくっていきました。その社会の成り立ちや社会のシステムを調べ，社会のあり方を考えることを，学校教育のどこかの教科が担当するとなれば，それは社会科以外にないのでないではしょうか。

　ねらう的とずれがあれば，進むほどずれは拡大し，最終的には行き着きません。「始めよければ終わりよし」という言葉があります。まずは，社会科に対する自分なりの考え，しかも的外れでない考えをもち，社会科授業づくりの道を進んでもらいたいです。よく言うでしょ。「始めよければ終わりよし」と。

伊藤裕康（2016）「水問題を基軸とした持続可能な社会形成のための社会科学習」教材学研究第27巻，87-98

岸本弘（1989）「新しい父親像と母親像の研究（Ⅱ）」明治大学人文科学研究所紀要27巻，143－186

釼持勉編・佐藤正志著（2006）『「教師力」を育成する社会科授業入門』明治図書

社会科勉強会（1983）『研究紀要８集　地域性を生かした教材開発と指導の工夫－第５学年　工業的内容領域の展開』社会科勉強会

三浦綾子（1980）『道ありき〈青春編〉』新潮文庫

第II講　社会科教師は「社会科とは何か」を
考え続けよう

社会科の特性と楽しい社会科授業

　佐藤（2006）は，社会科の特性として，次の３点を指摘しています。
① 知識の詰め込み主義，考え方の画一主義はふさわしくない。
② 社会生活が学習対象である。
③ 体験的な活動や観察・調査等の具体的な活動が不可欠である。

　①からは，次のことが言えます。様々な考えの人が集まりより良い社会を作るのが，民主主義社会です。それ故，社会に対する見方・考え方を固定化して絶対化し，一定方向に子どもを導くことは避けたいです。それをすれば，教育でなく教化です。戦前の教育は，皇国民の錬成を図る，教育と言うより教化だったことを思い出して下さい。だから，「考え方の画一主義は社会科にふさわしくない」のです。また，民主主義社会の形成は，より良い社会をめざし，習得した知識を活かして様々な社会的問題を判断し意思決定することが必要です。一定の知識を詰め込んでも，本来役に立ちません。ですから「知識の詰め込み主義は社会科にふさわしくない」のです。しかし，未だ「憶える社会科」というイメージを払拭できないのが，残念です。

　②は，社会科創設時より重視されてきました。人々の生活の深いつながりや様々な関わりの発見に学ぶ楽しさがあります。つながりや様々な関わりは，えてして見えません。それ故，社会科は，社会生活における見えるものをてこにして，見えないものを発見することが求められます。そのためには，社会的なものの見方や考え方が必要となってきます。また，習得した知識を使って様々な社会的問題を考え，判断し意思決定する際，獲得した社会的なものの見方や考え方の活用も必要です。しかし，社会的なものの見方や考え方を培うことは簡単ではなく，③が不可欠となります。以上，述べてきたことを図にまとめたのが，次頁の図II-1です。

　栗田（2011）は，教師は「資料(読み物）や教科書を読んで教え込んだり，覚えさせたりするだけの授業，いわゆる座学では子どもたちが意欲的にならな

いことは自覚している」と言います。三つの社会科の特性から，教科書だけの座学のみの授業が，なぜ一番意欲的でないかを考えてみましょう。

　栗田（2011）の調査で出て来た子どもたちが意欲的になれない理由の「見学に行けずに資料（読み物）のみで授業を行なったため」，「実体験がない内容は，イメージがわきにくく，教え込みだけになってしまったから」，「教科書中心ではイメージもできにくく，つまらなそうだったから」は，学習対象である社会生活（②）にふれる具体的な活動（③）を欠く，教科書だけで学ぶ授業です。また，具体的なイメージも湧きにくく，社会科として不適切な①の授業になりがちです。「ただ人名や出来事を覚えるだけでおわり定着もしなかった」は，社会科として不適切な①の授業であり，社会科嫌いの原因である「覚える社会科」そのものです。「自分の住んでいる地域とは離れた遠い地域のことは，教科書だけでは意欲が出ないから」は，学習対象である社会生活，この場合は地域のこと（②）にふれる具体的な活動（③）を欠く，教科書だけで学ぶ授業です。だから，具体的なイメージも湧きにくく，意欲が出ません。しかも，遠い地域のことだけに具体的なイメージが湧かないと，他人事となってしまいます。

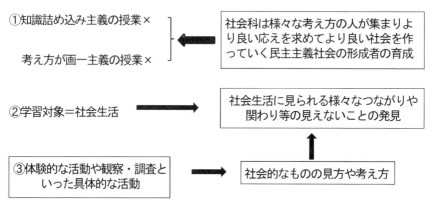

図Ⅱ-1　社会科の特性と求められる授業

　図1のⅠ「楽しくて，社会科である授業」は，社会科の特性を活かした社会科の目的に正対した授業です。例えば，社会的な課題を，自らの生活と結び付けたり，経験をもとに考えたり，体験を通して調べたりしながら友だち

と話し合い，人々の生活の特色や繋がり等の様々な視点から考えた上で，社会的な課題解決をめざす授業です。その際，子どもに社会的事象との接点を見つけさせ，社会的な課題を自分の問題として捉えさせることが大切です。これは，民主主義社会を形成する当事者として子どもたちを育てる上で欠かせません。よく言われる「他人事」を「自分事」にすることです。各々の自分が集まり社会を形成するのですから，社会科なら，もう一歩進め，「自分事」から「自分たち事」にしたいです。社会的な課題を自分の問題とした上で，その問題解決を考える際，自分の視点だけで考えていてもうまくいかないことに気づかせるのです。そうすれば，自分たち事になっていきます。このように，社会的事象を身近に感じられれば，追究意欲も高まります。

　さて，調べる活動では，子どもたちが，自分で調べたことに「なるほど，そうか」「そんな理由があったか」という思いをもたせたいです。それが社会科を学ぶ楽しさになります。また，調べる活動は，社会的な課題解決のために行います。それ故，単元終末で，調べたことを書き写したり，発表して学習を終える，活動自体を目的化する「お調べ発表学習」ではいけません。ひどい場合，調べたことが本人の中で消化されず，ただ書き写しで終わる活動になってしまいます。鵜飼いの鵜が魚を吐き出すような活動です。さしずめ，鵜匠が教員で，鵜は子どもでしょうか。調べたことの発表から，どんなことが考えられるか，なぜそうなのかを吟味・検討する学習が始まります。

「なぜ，社会科を学ぶのか」が分かる授業づくりを

　「社会科とは何か」を考える際，「なぜ，社会科を学ぶのか」という問に変換すると，社会科理解が深まります。「なぜ，社会科を学ぶの？」「なぜ，これ(この内容)を学ぶの？」，授業中，そう思う子どもがいそうです。

　筆者は，高校の時，なぜこんな難しい数学を学ばなくてはいけないかと，よく思いました。特に，今学んでいることは，今後，二度とお目にかからないと思う時はなおさらでした。住野(1994)は，大学教官が学生に実践した高校数学の内容を題材とした「トイレットペーパーは何巻きしているかを計算する」を紹介しつつ，授業づくりの私見を述べています。授業は，「トイレットペーパーの長さは分かっているので外径と内径を測れば何巻きかがわか

るというのです。そして計算の後，学生の前で，マジックで線を引いたトイレットペーパーを，雨傘を軸にしてほどいていく。そしてぴったり計算通りのところで回転が止まる。溜息，拍手，歓声……。(中略)数学の威力を実感させてくれる実践です。」というものです。住野は，「文系の私には，どう計算すればよいのかわからないのです。」と困り，大学の理系の先生に数列の考え方を応用して解いてもらいました。その時の「数列の公式は確か高校２年の時に学んだ記憶があります。しかし，それはまったく自分の思考のシステムに組み込まれませんでした。ただ数列を学んだという経験が頭の片隅に止められただけなのでした。あれだけ苦労して，悩んで，考えて，数列に格闘したはずなのに…。」。住野は，このようになったのも，数列の授業が計算手続きの訓練だけで，その意味や生活での応用の問題に言及しない教える側の問題と，計算の手続きさえ知ればよく，それ以上を求めない学ぶ側の問題があるとしています。そして，数列の意味やその生活での応用を教授したのが，「トイレットペーパー」の実践なのでした。氏は，言います。

　「教育(教科)内容」と学習者の世界とを媒介する「トイレットペーパー」という「教材」を設定し，それによって学習者の認識と感情とにセンセーショナルに働きかけることが，数列の計算手続きとその意味とを同時に教授することを可能ならしめるのです。
　授業において「教育(教科)内容」を直接示すのでなく，パフォーマンス豊かな教師の「教授行為」によって，魅力ある「教材」を学ばせ，それによって「教育(教科)内容」を獲得させるという構想は，小学校では常識です。

　「小学校では常識」になっているのか疑問ですが，それはともかく，社会科を教える者は，教えていることの「その意味や生活での応用の問題に言及」し，「なぜ，社会科を学ぶのか」が分かる授業に心がけたいものです。

栗田千恵子(2011)「実態調査から見る小学校社会科授業の現状」探求第22号，15－22
釼持勉編・佐藤正志著（2006）『「教師力」を育成する社会科授業入門』明治図書
住野好久(1994)「トイレットペーパーから授業の構造を考える」香川大学一般教育研究46号，120－122

第III講　彼を知り己を知れば百戦殆うからず
－子どもとは－

レディネスがあるか

　「彼を知り己を知れば百戦殆うからず」という言葉を味わいたいと思います。「彼を知り己を知れば百戦殆うからず」とは，『孫子』の「謀攻」にある代表的な一説です。『孫子』は，紀元前500年頃の中国・春秋時代に活躍したとされる軍事思想家孫武（そんぶ）が書いた軍事戦略の本です。13篇からなる中国最古の兵法書です。『孫子』の「謀攻」に「彼を知り己を知れば百戦殆からず。彼を知らずして己を知れば，一勝一負す。彼を知らず己を知らざれば，戦う毎に必ず殆し」とあります。これは，敵と味方の実情を熟知していれば，百回戦っても負けることはない。敵情を知らないで味方のことだけを知っているのでは，勝ったり負けたりして勝負がつかない。敵のことも味方のことも知らなければ必ず負けるという意味です。

　さて，授業者にとって彼とはだれでしょうか。そう，学習者，子どもですね。子どもの実態を知らずして授業をするのは，『孫子』からすれば，「彼を知らずして己を知れば，一勝一負す」か「彼を知らず己を知らざれば，戦う毎に必ず殆し」なのです。未だ教職には就いていない人は，「彼を知らず己を知らざれば，戦う毎に必ず殆し」に近いのかもしれません。子どもの実態を知ることは，レディネスの問題でもあります。レディネスとは，学習が成立するために必要な前提知識や経験などや心身の準備性のことです。あることを教育するには，学習者にある程度の素地が必要になります。教育するための準備が整っていない，レディネスがない状態で学習を行うと，効率が悪いばかりか，マイナスになることさえあり得ます。指導者は，学習に適切な時期を見極めることが大切になります。授業づくりでは，子どもを捉えることが，まずもって大切になるのです。

子どもを捉える手立て－「放課後の孤独な作業」等－

　では，どのようにしたら子どもを捉えることができるのでしょうか。実は，子どもを捉えることは大変難しく，十分に子どもを捉えきれたと言える人は一人もいないでしょう。なぜなら，私たちは，自分のことさえ分からない不完全な人間です。不完全な人間が，個々の子どもを捉えきれるわけがないのです。神ではないのですから。大切なのは，子どもを捉えきれるわけがないと諦めるのではなく，その困難さを引き受けて，なおも子どもを捉えようと務め続け，絶えざる子ども理解をしていくことなのです。ただ，○○の概念についてどの程度子どもたちは理解しているのかという，ある一定の条件での理解度なら，捉えることができます。新しい単元に入る前に，その単元を展開していく上でどの程度の準備態勢が子どもにあるかを調べるレディネステストをすることは，大切なことです。

　さて，子ども理解の手立てとして，向山洋一が行っていた「放課後の孤独な作業」があげられます（向山 1979，88－96）。「放課後の孤独な作業」とは，次のことです。

　　　子どもが帰った教室はひっそりしていた。誰もいない教室でただ一人，ぼくは机を順番に見ながら，子どもたちの顔を思い浮かべていた。その日の出来事を再現するためであった。「吉田，田中，小泉……」座席ごとに子どもの顔を思い描いた。

　　　　　　　　　　　　　　　　（中略）

　　　机を見ながら子どもの名前を言っていくうちに，何度もつっかえた。子どもの名前がすっと出てこないのである。（中略）机を見ながら，子どもの顔と名前とが，すっと思い出せるまでに一週間の日時が必要であった。

　　　その次から，座席を見ながら子どもと話したことを思い出そうとした。印象的なことはすぐに思い浮かんだが，日常的なあれこれの言葉はなかなか出てこなかった。本日のも昨日のも，ごちゃごちゃになっていた。〈社会科の時に十五名ぐらい発言したが……〉と思っても，十四名なのか十五名なのか十六名なのか，はっきりしなかった。（中略）

　　　子どもたちの発表をぼんやりとしか思い出せなければ，その日の授業の反省もあいまいなものにならざるをえなかった。それは自分自身の仕事をいいかげんですませておくことであった。ぼくには耐えられないことであった。（中略）

　来る日も来る日も，子どもの帰った机を見ながら，その日の会話を思い出す作業を続けた。

　先に紹介した三浦綾子も，戦前，「放課後の孤独な作業」をしていたことが，『道ありき』の以下の記述から分かります。

　わたしは生徒一人一人について，毎日日記を書いた。つまり，生徒の数だけ日記帳を持っていたことになる。生徒の帰ったガランとした教室で，山と積み重なった日記帳の一冊一冊にわたしは日記を書きつづっていた。
「国語の時間に，突然立ち上がって，気をつけ！　と号令をかけた人志君。びっくりして人志君を見つめると，頭をかいてすわった。わたしはニヤリとした。きょうは秋晴れのよい天気で，さっきから運動場で古川先生が四年生に号令をかけていられた。その号令に気をとられた人志君，たまらなくなって，自分も号令をかけてみたくなったのだろう。将来どんな青年になるか楽しみである」とか，　（中略）
　というような，日記が夕ぐれ近くまでのわたしの仕事となる。
　ひとクラス五十五，六名の生徒のうち，毎日三人か四人はどうしても印象に残らない子供がでてくる。そんなときには，翌日第一時間目にわたしはその記憶になかった子供たちに，質問したり本を読ませたりする。

　三浦さんも似たようなことをしていたとなると，定かではありませんが，「放課後の孤独な作業」は，心ある教員の世界では昔から一定程度流布していたのかもしれません。
　この他に，子ども理解の手立てとして，カルテと座席表を挙げたいと思います。筆者が子ども理解の手立てとして皆さんに紹介したいのは，「もともとは子ども理解の手立てとしての『メモ』」（武藤1989，82）であるカルテです。元来のカルテは，「教師が自分の予測とくいちがったものを発見したとき，すなわち『おやっ』と思ったとき，それを簡潔にしるすべきもの」であり，「時間中にちょっと書きとめることが肝要」であり，「それぞれの子どものデータを，二か月に一度くらい，つなぎ合わせて統一のための解釈を行う」（武藤1989，82-83）ものです。しかも，「つなぎ合わせが生きるためには，つなぎ合わせにくいデータであることが必要」であり，「決まった形式はない」（武藤1989，83）のです。さらに，「教師がイマジネーションをぞんぶ

んに発揮してたのしむ場なのである。したがって，時々出してみては解釈と感想とを書きつけることが望ましい。」（武藤 1989, 83）のです。教師が，日頃イメージしている個々の子ども像とくいちがう子どもの表れが表出したとき，忘れず簡潔に書きとめておいたものの累積と言えます。

　座席表は，研究授業等の参観者用と，教師が日常使う自分用の2種類があります。日常使うものは，教卓側から見た白紙の座席表に，個々の子どものことで気になったことをいつでも記入していくのです。後日，時間の異なる幾つかの座席表を繋げ，個々の子どもや子どもたちの関係を考えるために，日時を必ず記入しておきましょう。研究授業用では，個人情報の関係から子どもの名前がイニシャルで記入されたり，名前がなく番号がそれぞれの子どもにふられていたりします。日常用から抽出された本時と関わる子どもの様子や考え方等，授業を参観する際に参考になることが記入されています。

　今までふれてこなかった子ども理解の手立てとして，かつて筆者がしていた授業記録を中心とした学級通信の発行を挙げたいと思います。筆者は，当時学級通信が数多く発行している時は，それなりに授業実践が展開できているというバロメーターになっていたと思っていました。学級通信で登場した子どもの表を作成し，星取り表のようにしていました。この表を見れば，一目瞭然，どの子がよく登場し，どの子があまり登場しないか分かります。どのような時にどんな子が活躍するのかも分かってきます。あまり学級通信に登場しない子には，その子が活躍できる場面や手立てをこうじて，登場できるようにしていました。

　ところで，次に紹介する事例は，伊藤（1999, 134）に掲載したものであり，筆者自身が見聞きしたものです。

　　運動会の開会式の練習である。体操隊形に開いてから集合する時，位置がまちまちというので，先ほどから何回となく練習を繰り返している。子ども達は何回も同じことをさせられ，先生の話など聞かずごそごそする子も出てくる。そこで，指導教員は，「ごそごそしない。ちゃんと先生の話を聞かないから，何度やっても元の所に戻れないんだ。自分の位置をしっかり覚えなさい。」と話された。すると，とたんに一部の子ども達が足で地面をかき始めた。そこで，先ほどの教員は，「なにごそごそしている」と注意をされた。

　皆さんに聞きます。なぜ，子ども達は足で地面をかき始めたのでしょう？自分なりのこたえを下記に書いてください。

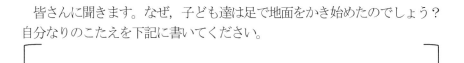

患者の病気に効くものだけが薬である

　ところで，有名な社会科教育の実践者で授業の名人と言われた長岡文雄さんは，「授業は○○○○○○○場である」と言いました。さあ，○○○○○○○には何が入るでしょうか。

　長岡さんは，「授業は子どもをさぐる場である」と言いました。これは，授業は，授業をしながら子どもをさぐって捉える場であるという意味もありましょうが，より深い意味があります。長岡さんは，次のように述べています（長岡 1975，7）。

　　このようなわたくしの姿勢について，「子どもをさぐってばかりいたら，教えられなくなるのではないか。授業時間は有限であり，どんどん過ぎていくから」と心配される向きもあるにちがいない。

　　わたくしも，子どもに対して教えたいし，教えなければならないと思う。しかし，「教えるというのはどういうことか」と自問していくとき，「真に教える」ということは，「子どもをさぐることのなかにしか成立しない」ということが，身にしみてわかってくるのである。

　長岡さんは，なぜ，「真に教える」ということは，「子どもをさぐることのなかにしか成立しない」かについて，氏の入院経験から教育の仕事と医師の仕事とを考え合わせて説明しています。医師は，患者の病状に迫り，それに即応した治療をします。麻酔薬の量も投薬も，病状に合わせたものです。治療の出発も帰結も，患者の体に基づいており，これは至極当然のことなのです。長岡さんは言います（長岡 1975，8-9）。

教育界では，久しい間，子どもを見ないで「教えることに専念する」ことが多かった。これは，患者をろくに診察しないで，「薬だから飲ませよ」といわれる薬を，投薬しつづけてきたようなものである。医療でいえば，明らかに患者を殺す方法に近いものである。患者からの発想ではない。薬からの発想である。「患者にとっては，その患者の病気に効くものだけが薬である」という簡単な論理がわからなくなっていた。

　ここで，最後に長岡さんの言葉を紹介します。皆さんは，この言葉をよく味わってもらいたいと思います（長岡 1975, 12）。

　　子どもは，教師がいるいないにかかわりなく刻々と動く。子どもは，教師が「教えた」と思っていることだけで成長する訳ではない。したがって，教師は，広い視野で，しかも長い目で子どもを追いつづけなければならない。そうでなければ，真の子どもの思考体制に迫ることはむずかしい。
　　教師は，教師である限り，どんなにいそがしくても，子どもひとりひとりを熟知しないではおられない。子どもをさぐらないで教師となることはできないからである。
　　とくに重要なことは，教師がこのようにして，子どもに迫ることが，とりもなおさず教師の人間としての自己変革の過程であるという自覚である。「教師になる」ことは，子どもに驚くことであり，子どもに学ぶことであろう。

伊藤裕康（1999）『学ぶよろこびに迫る社会科授業づくりと教員の力量形成』溪水社
長岡文雄（1975）『子どもをとらえる構え』黎明書房
三浦綾子（1980）『道ありき〈青春編〉』新潮文庫, 8-9（この本は，1969 年，主婦の友社より刊行されている。）
向山洋一（1979）『斉藤喜博を追って　向山学級の実践記録』昌平社（現在絶版，後に向山洋一（1986）『教師修行十年　プロ教師への道』と改題し，本書の出版企画や氏の実践がその後どう展開したのかを付加して明治図書より刊行されている。）
武藤文夫（1989）『安東小学校の実践に学ぶ　カルテと座席表の 22 年』黎明書房

第Ⅳ講　発問づくりのセオリー

質問とは？発問とは？

　「雪がとけたら何になる」は発問でしょうか，指示でしょうか。これは，発問ですよね。では，質問と発問は，どう違いますか。文部科学省のホームページ「補習授業校教師のためのワンポイントアドバイス集　4　発問」に「4-3　『質問』か『発問』か」があります。それによれば，「質問」か「発問」かの違いは下記のように記述されています（https://www.mext.go.jp/a_menu/shotou/clarinet/002/003/002/004.htm，2020/05/27 参照）。

　　簡略な定義
　　　「質問」は子供が本文を見ればわかるもの。－a・b・（c）
　　　「発問」は子供の思考・認識過程を経るもの。－（c）・d・
　　学年や場面によっては「質問」によって確認することが必要な場合もあるが，そればかりだと学習意欲を低下させる。
　　一問一答とならず，子ども達の間でも関連発問がでるとよい（ピンポン型よりバレーボール型）。
　　答えが「はい・いいえ」「そうです・ちがいます。」とだけにならないようにする。

	問いかけ	応答	考察
a	・桃太郎は鬼ケ島へ鬼退治に行ったのですか？	はい。	子どもの考える余地がない。
b	・桃太郎はどこへ行ったのですか？ ・鬼ケ島へ何をしに行ったのですか？	鬼ケ島へ。 鬼退治に。 一問一答で終わる。	本文を見ればわかる。
c	・桃太郎は何をしましたか？ ・桃太郎はどのようにして鬼退治をしましたか？	鬼ケ島の鬼を退治した。 犬と猿と雉と力を合わせて。	桃太郎の行動を，子どもが自分の言葉でまとめている。

| d | どんなお話ですか？ | 桃太郎が，犬と猿と雉と力を合わせて鬼ケ島の鬼を退治した話。 | 「力を合わせて」という内容価値とともに粗筋（あらすじ）も述べている。 |

　また，質問と発問に係わる別の考え方に，質問は答えを知ること，確認することを目的とし，発問は相手に考えさせることを目的とするというのがあります (https://kaibalog.com/question-skill-let-the-member-think-deeply/ #i-5, 2020/05/27 参照)。

　この二つの考えを踏まえると，質問は主に答えに係わることを基軸とし，発問は応えに係わることを基軸とすると言えそうです。とするならば，質問は主に一問一答的なものとなり，発問は子どもの思考を促すものとなるとも言えます。この質問と発問の違いは活用できます。授業の本題に入るまでは，子どもがこたえやすいような質問を用意して雰囲気を和らげ，そうこうするうちに，徐々に発問をしながら中心発問にもっていく授業の組み立て方が考えられます。小学校高学年になると，発言をしなくなりがちなので，この授業の組み立てはそれなりに効果がありそうです。

○○的発問と○○的発問

　文部科学省ホームページでは，「発問の要件」に，「何を問うているのかがはっきりしていること」，「簡潔に問うこと」，「平易な言葉で問うこと」，「主要な発問は，準備段階で『決定稿』にしておくこと」を挙げています。これは，あくまでも原則です。これらの原則と関わって，先ほどの発問「雪がとけたら何になる」を考えてみましょう。こたえを下記に書いて下さい。

　どんなこたえが書けましたか。一つしか書けなかった人は，子ども心が不足しているかもしれません。多くの人は，「水」と書いたでしょう。でも，まだあります。それは…。「春」です。この「春」，皆さんは×にしますか。出来ませんよね。でも，この発問をし，子どもから出してもらいたかったのが「水」として，それしか頭にないなら×にしてしまうかもしれません。そ

うなると，「春」とこたえた子どもがかわいそうです。では，「雪がとけたら何になる」を少し直し，「水」しか出てこない発問にするには，どこをなおしますか。極力修正箇所を少なくして修正して下さい。

　発問は，しっかり考え，特に「主要な発問は，準備段階で『決定稿』にしておくこと」を心がけたいものです。

　「何を問うているのかがはっきりしていること」は大切です。あえて，様々な考えを出させたいという意図があるなら，「雪がとけたら何になる」というような発問もありです。これを拡散的発問と言います。その逆に，こたえを決め打ちして出させたい時は，「何を問うているのかがはっきりしていること」が求められます。このような発問を，収束的発問と言います。

　この他，「ゆさぶる発問」というものもあります。先の文部科学省ホームページでは，下記のように説明されています。

　　広義には，子ども達の学習に変化をもたらし緊張を誘う発問のこと。
　　狭義には，子ども達の思考や認識に疑念を呈したり混乱を引き起こすことによってより確かな見方へと導く発問のこと。
　　例　「桃太郎は，血も涙もない人間で，欲張りな人ですね。」
　　　→子ども達は，あらためて桃太郎の人間像を考える。
　　例　「この段落の要旨は，…ですね。」（選択肢の中の誤答にあたるものを提示する。）
　　→子ども達は，その段落の内容を思い出して要旨を確認する。また，以降の段落を注意深く読むようになる。

知覚関連語で問う

　授業の名人と言われた有田和正の有名な発問に，「バスの運転手さんは，どこを見て運転していますか？」があります。皆さん，「バスの運転手さんは，どんな仕事をしていますか？」との違いが分かりますか。さらに，今少

し同じような発問例を紹介します。6年生の「貴族の屋敷」や「武士の館」などの挿絵から，「絵の中から聞こえてくる音にはどんな音がありますか」（神永 2012, 31）。「長篠の合戦屏風」から，「出てくる色をノートに書きなさい」と指示した後，「この出てくる色は，何の色ですか」と問います（甲本 2012, 22-23）。これらの発問は，一般的には宇佐美（1985）が提唱した「知覚語で問う」ことと言われ，その有効性が言われています[1]。

　藤岡（1989, 141-159）は，先ほどの発問を知覚語として問うとすることを批判しています。批判の要点は，第1に，宇佐美が言う知覚語は，「『描写』に用いられる言葉は何でも知覚語」なのに，「知覚語で問う」有効性を提唱する論者は，知覚現象をさすのが知覚語だと誤解している点です。第2に，宇佐美は子どもが経験した事実を子どもに語らせるのに有効であると述べているが，有田の発問は，子どもでなく運転手が経験した事実である点です。第3に，有田実践は，宇佐美が言うように「経験された事実について詳細に具体的に語」っていないことです。宇佐美が期待するような役割を問う発問として使っていない点です。

　しかしながら，子どもはバスの運転手が運転するのを見た経験はあります。有田（1985, 156）では，この発問で「バスの中も鏡で見てるよ。時々おこられるもん。」と，「バスの運転手さんは，どんな仕事をしていますか？」では出てきそうもない意見が出ています。有田は，宇佐美が期待するような役割で使っていないとしても，この発問は，確実に有効性があります。藤岡の批判はありますが，活用しないのは勿体ないです。そこで，混乱を回避するため，知覚語と言わずに知覚関連語（筆者の造語）と呼び，先ほどの幾つかの発問は，「知覚関連語で問う」ことが共通していると言っておきます。これらの発問は，直接問いたいことを問わないという「間接性の原理」が流れています。子どもを褒めることでも「間接性の原理」は活用できます。例えば，ある子どもが，教師から見て大変素晴らしい言動をしたとします。その子の言動を褒める褒め方が，二つあります。①直接本人に，その子の言動の素晴らしさを褒める。②その子をよく知る第三者に，その子の言動の良さを伝え，その第三者からその子に教師が褒めていたよと伝わるようにする。どちらがその子にとって褒められた嬉しさがあるでしょうか。

問いと発問の峻別

　質問と発問の違いを考えました。では，発問と問いの違いはなんでしょうか。片上宗二によれば，「発問とは，問いを具体化したもの」（片上 2013, 70）です。氏は，「発問とは，問いを具体化したもの」という「自明とも思われる前提が自覚されないまま，発問の議論や研究がなされる傾向が強」く，「発問の善し悪しが，問いそのものの善し悪しに起因するのか，それとも問いの発問への具体化の善し悪しにかかわるのか区別がつきにくくなる」（片上 2013, 70-71）と，述べます。問いと発問を峻別して考えないと，問いそのものが悪くて発問が悪いのか，問いはよいがそれを具体化した発問そのものが悪いのかの見極めができなくなり，授業改善が進まなくなるのです。さらに，氏は，問いと発問の関係が自覚されていないと，「発問研究が平板になり，子どもと教師の間を往復する重層的な発問研究が展開できにくくなる。」（片上 2013, 71）とも述べています。問いをたて，その問いをできる限り子どもの心に響くように具体化する発問をつくりましょう。

問いの構造と発問の構成

　片上（2013, 70）は，問いと発問の関係の自覚に加え，発問を，A授業構成レベルの発問とB授業展開レベルの発問に分けることを提唱しています。A群は，「学習問題(学習課題)として位置づけられる中核発問を含む主要発問」です。B群は，「A群の発問を支えたり，活かしたりするための補助発問」です。そして，次の二つの発問づくりの図式を提示しています。
・教師→教材研究（教材解釈）→問い→発問→子ども
・子ども→疑問→教師→教材再解釈→問い→発問→子ども
　氏は，問いと発問の峻別，二つのカテゴリーの発問という考え方を駆使して，先ほどの有田和正の授業「バスのうんてんしゅ」を事例に，授業の組み立ての構造を明らかにしています（片上，2013, 72-76）。片上の明らかにした有田の「バスのうんてんしゅ」の授業の組み立ての構造の概要を紹介します。まず，指導案の本時の展開部分を掲載します。

学習活動・内容	指導上の留意点
1. バスに乗った経験を出し合い，バスについて自信をもつ。	○「バスのことはよく知っているぞ」という意識をもたせ，自信をもたせる。
2. バスについて，知っていることを出し合う。	○子どもが「知っている」と思っていることをゆさぶり，「見ていないなあ」「見直さなくては」と思うようにする。
ⓣ バスには，タイヤが何個ついているか？	
・つり皮・椅子・窓・バックミラーの数	
・車内放送の種類は？	
3. バスごっこをしながら，バスの運転手がどんな仕事をしているか考える。	○わからないところ，あいまいなところを問題として残していき，見直しの必要性に気付かせる。
(1) 運転手とお客，人数を決める。	
(2) ごっこをしながら問題をみつける。	○「運転手によってやり方が違うのではないか」「運転するとき何かきまりのようなものがあるのではないか」といった見方が出るかどうか。
・出発のときの仕事	
・運転中の仕事	
ⓣ 運転手はどこを見て運転しているか	
・交差点 子どもの飛び出し，踏切等	
・止まる前－止まってからの仕事	
4. 問題点を整理し，調べ方を話し合う。	○「バスの運転手は大変だが，電車の運転手はらくだろう」とゆさぶりをかけ，次時につなぐ。
・見直しをする	
・たずねる	

　片上は，本時の展開部分を見れば，授業の大きな発問は①のある二つであることがわかると述べます。1時間の授業で有田が発問しているのはそれだけではありません。片上は，授業記録から六つの基本発問を見いだしています。以下のものです。

① バスには，タイヤが何個ついていますか？
　　→①'バスそのものの構造についての問い
② バスの運転手は，運転している時に，どこを見て運転しているでしょう？
　　→②'バスの運転手の仕事を具体化するための問い
③ バスの運転手は，運転している時に何を考えているでしょう？→
　　③'バスの運転手の願いについての問い
④ 交差点のまん中で黄色になったらどうするか？
　　→④'バスの運転手の苦労と工夫についての問い
⑤ あっ，子どもが飛び出してきました。さあ，（運転手は）どうしますか？
　　→⑤'バスの運転手の苦労と工夫についての問い

　⑥　バスの運転手と電車の運転手とどちらがむずかしいでしょう？

　　　→⑥' バスの運転手の仕事を他の場合と比較させるための問い

　さらに，有田は，六つの基本発問の他にも細かな発問をしています。例えば，①の発問に続けて，「バスには，つり皮が何個下がっていますか」「（もっと難しいことを聞くよ）バスには座席の数，いくつある？」等々です。

　このことから，片上は，６個の「授業構成レベルの発問」と数多くの「授業展開レベルの発問」から授業は成りたっていると言います。氏は，有田がなぜこの６個の発問で授業を組み立てたかということを，発問をいくら眺めても見えてこないから，「問い」との関係から見直しています。この６個の発問は，発問の後に矢印で示した問いを具体化したものであることが見えると言います。そこで，みなさんがこの問いと発問の関係がよりわかりやすいように，筆者なりに有田の発問にかける意図を読んでみましょう。

　①は，バスのタイヤや様々なパーツの数を問うことで，バスそのものの構造を捉えさせ，日頃よく乗っているにもかかわらず，よく見ていないことを子どもたちに自覚化させる発問です。この発問は，授業の導入のみならず，単元の導入にも相当しますので，大変大切なものと有田は考えたはずです。

　②は，運転手の仕事の中身を具体化したいのですが，単に「どのような仕事をしていますか」では多様な意見を意欲的に出してくれそうにありません。そこで，「どこを見て運転している」と知覚関連語で問うたのです。

　③は運転手の願いを引き出す発問です。「運転手の願いは何ですか」と問うより，「運転している時に何を考えている」と問うた方が，「よそ事（給料のこと等）を考えている」という子どもらしい意見も出てきそうです。

　④⑤は運転手の苦労と工夫を引き出す発問です。単に「運転手の苦労と工夫はなんですか」と問うより，具体的な場面設定により，自然と運転手の苦労と工夫を引き出すようになっている発問です。

　⑥は，他と比較させて差異と共通点を導き出す発問です。しかも，「バスの運転手は大変だが，電車の運転手はらくだろう」とゆさぶりをかけ，次時につないでいます。「ゆさぶり発問」にもなっています。

　有田の授業は，バスそのものの構造から入り，運転手の仕事をつかませ，運転手の願いや苦労・工夫を考えさせ，最後に電車との比較を行うというものです。

この授業は，知覚語で問う優れた授業として有名ですが，片上が指摘したように，6個の「授業構成レベルの発問」と数多くの「授業展開レベルの発問」が有機的に結合し，優れた授業として成立していることが分かります。

再び知覚関連語で問うことについて

　田中力は，「1時間の授業で使う資料はできるだけ精選し，必要なものにしぼって提示していくようにこころがけている。(中略)精選された資料とじっくり向き合うことによって，資料を読み取ることで見えてくる世界の豊かさに目を開くことになる。それは，資料を読み取ることの楽しさを子どもたちに感じ取らせるとともに，資料を読み取る力をつけていくことにつながる。特に歴史学習に関する絵画資料や写真には，1枚で1時間の授業の展開が十分できるすばらしいものがたくさんある。」（田中 2006, 136）と述べています。氏は，絵画資料「蒙古襲来絵詞」を使った研究授業を考え，教材研究をする中で以下のように様々なことに気付いていきました（田中 2006, 136）。

　　改めて資料に当たっている中で出会ったのが，「堂々日本史第22巻」（NHK取材班編・KTC中央出版）の中の「蒙古襲来　生活懸けていざ出陣」の章だった。
　　そこには，次のことが書かれていた。
　　出陣の場面の，季長のかぶとの色はよろいと同じ萌黄色である。ところが，元軍と戦っている場面では，よろいは萌黄色のままだが。かぶとの色は赤になっている。これは，戦いの中でお互いに証人になってもらうために，知り合いの江田又太郎秀家という人と，見えやすいようにかぶとを交換していたのである。
　　同じようなことが別の場面にも描かれている。季長の一族は5人で出陣するのだが，馬が射られて家来は落馬してしまう。しかし家来は，軍旗を持って必死に季長のあとを追っている。竹崎季長であることを証明する軍旗のないところで戦って手柄を立てても，証拠がなければどうしようもない。軍旗を持った家来は季長のすぐ近くにいる必要があったのである。
　　かぶとの交換や，季長のあとを必死に追う旗もちの家来の姿から，「ご恩」（恩賞）を求めて命がけで「奉公」する鎌倉武士の姿が鮮明に浮かび上がってくる。

　ここで，前述した甲本(2012，22-23)が，「長篠の合戦屏風」から，「出てくる色をノートに書きなさい」と指示した後，「この出てくる色は，何の色ですか」と問うたことを思い出してほしいと思います。このように，既に学んだことと結びつけて考えることが大切なのです。教師は，既習事項と結びつけて考えた子どもが出てきたら見落とさずに褒め，子どもたちに既に学んだことと結びつけて考えるくせをつけさせたいものです。さらに，身近な生活経験と結びつけて考える，他の時代や他の地域や国のことと結びつけて考えるといったくせもつけさせたいものです。

　今まで，あえて甲本の発問の意図を述べませんでした。氏は述べます(甲本2012，22-23)。

　　戦国時時代の代表的な資料に「長篠の合戦図屏風」がある。
　　織田徳川連合軍と，武田勝頼軍との戦いを絵に描いている。
　　さて，この有名な資料だが，色に着目させる。
　　「出てくる色をノートに書きなさい」
　　赤，青，黄など様々な色を子どもたちは，ノートに書く。
　　「この出てくる色は，何の色ですか」
　　これは，「旗」である。
　　旗が，カラフルに色付けしてある意味を考えさせる。旗自体を持って戦うことの意味も考えさせる。
　　通常は，旗など持たない方が，闘いやすい。命を懸けた闘いなのに，闘いにくい旗をつけているわけだ。
　　これは，もっと発展的に考えると蒙古襲来にも原点がある。
　　どうして鎌倉武士は，自分の姓名を名乗ったのだろうか。また，蒙古襲来の絵を竹崎季長はなぜ描かせたのだろうか。
　　同じ発想である。

　　┌─────────────────────┐
　　│　褒美　　　　　　　　　　　　　　　　　│
　　└─────────────────────┘

　　である。

　甲本の記述は以上です。筆者なりに補足しますと，合戦の最中は，働きぶりを評定する人がいました。確か，「長篠の合戦図屏風」にも描かれていた

はずです。合戦で立派な働きをしても，評定する人に見落とされてしまったら大変です。ですから，自分の所在がはっきりわかる色がついた旗をもって闘ったわけです。甲本は，カラフルな「旗」をつけて闘う意味が「褒美」をもらうためであり，鎌倉武士が「姓名を名乗る」とか，竹崎が「蒙古襲来絵詞」を描かせたのも「褒美」をもらうためであることと認識していますます。ただし，甲本は，竹崎が描かせた「蒙古襲来絵詞」の竹崎自身のかぶとの色まで，田中のように気付いていたかは定かではありませんが。

　いずれにしろ，田中も甲本も「色」に着目しています。実は，「色」は，次の第V講で紹介する岩下修が提唱する「AさせたいならBと言え」のBに入る言葉のカテゴリーの一つなのです。

1)　　例えば，向山（1987，80）。

有田和正(1985)『学級づくりと社会科授業の改造　低学年』明治図書
宇佐美寛(1985)「再び『定石化』を疑う」現代教育科学28巻5号，明治図書
片上宗二（2013）『社会科教師のための「言語力」研究』風間書房
神永典郎（2012）「"読む活動"をチャームUPする知覚語・ベスト10」社会科教育641，明治図書
甲本卓司（2012）「発問の言葉を知覚語化するヒント」社会科教育641，明治図書
田中力（2006）『社会科研究授業づくり　教材と活動の開発技法』明治図書
藤岡信勝(1989)『授業づくりの発想』日本書籍
向山洋一(1987)「発問の法則を求めて」社会科教育286，75－80

第Ⅴ講　指示と説明のセオリー

指示とその原則について

　皆さんは，こんな経験がありませんか。

　身体測定です。授業と授業の間の放課の時間に身体測定は始まりました。測定中に，次の授業時間になってしまいました。担任の先生は体重を量っていて手が離せません。授業になって担任の先生が来ないので，身体測定が早く終わった子どもたちは，おのおの好きなことをしていました。そうこうするうちに，騒ぎ出す子どもも出てきました。そこへ先生がやってきて，先生は騒いでいる子どもたちに，授業中なのに何をしているかと注意しました。

　これは，騒いでいる子どもたちが悪い，

のでは必ずしもありません。先生が悪いのです。なぜか，わかりますか。

　これは，先生が「空白禁止の原則」を守っていないからです。「空白禁止の原則」とは，「たとえ一人の子どもでも空白な時間を作るな」というものです。この場合，身体測定を早く終わった子どもへの配慮がなされていません。早く終わった子どもたちに，例えば，「教室に戻ったら，漢字ドリルの何頁から何頁までをやっておきなさい」とか指示して，教師が身体測定をし終えるまでに空白がないように，子どもたちがすることを示して指示を出さないといけないのです。子どもたちが，身体測定後の過ごし方のように，授業時間中に教師がいない場合の過ごし方について指示を何回か受け，このようなことに慣れてきたら，「授業中ですから，他のクラスは授業をしています。皆さんは何をしていますか。した方がよいと思うことを考えてしていてください。」と，指示すれば，クラスの子どもたちの段階は上がっていくでしょう。このように，指示には原則があります。今のは，「趣意説明の原則」を適応したものです。「〜のために〜をしなさい」と，趣意と指示をいう方がよいのです。そして，趣意を言って，やることをまかせるのが最高の方法であり，プロの腕であると言われます。この他，「1時に1事の原則」等，様々な原則があります。「1時に1事の原則」は，まずたった一つの明確な

指示を与えることです。それができたのを確かめてから，第二のたった一つの明確な指示を与えていくのです。これらの原則を知りたい方は，向山 洋一（1985）『授業の腕をあげる法則』明治図書をおすすめします。

「AさせたいならBと言え」

　まず，問題を出します。

　キャンプでの飯ごう炊飯の一こまです。楽しい食事も終わりました。あとは，決められた時間までにキャンプ場に飯ごうをきれいにして返さないといけません。先ほどから子どもたちが飯ごうを洗っています。一生懸命していると思えるのですが，キャンプは初めて，飯ごう炊飯も初めて，飯ごうも洗ったことがないという子どもがそこそこいるので，はかどりません。担当の先生は，何度言ってもはかどらない様子を見て，返却時間がせまっていることもあり，「さあ，頑張って。時間がないよ。」と，声を大にして言っています。さて，皆さんなら，こんな場合，どのような指示を子どもに出しますか。下記の矢印の左側に書いてみてください。

➡

　さて，どのような指示がかけたでしょうか。この場合の指示は，岩下修が提案したことで有名となった言葉である「AさせたいならBと言え」（岩下1989）が有効になります。

　「AさせたいならBと言え」は，「間接性の原理」が働いています。岩下は，Bの言葉に入るカテゴリーとして，次からのものを提案しています。

「物」
「人」
「場所」
「数」
「音」
「色」

　さあ，このことをヒントとして，もう一度先ほどの自分の指示を考え直し，矢印の右側に書いてみてください。

　ところで，以下の発問は，岩下が「AさせたいならBと言え」を活用した発問として挙げたものです。

> 「車掌さんがならす笛は，誰に聞かせるのですか。」

　この発問は，Bにどのようなカテゴリーが入る発問なのでしょうか。もうわかりますね。「人」ですね。

　岩下は述べます（岩下 1989，157）。

　　向山洋一によると，この発問で，「お客に聞かせる」と「運転手に聞かせる」とに意見が真二つに分かれ，激しい討論が行われるということである。

　　「だれ？」の問いによって，ゆれのないモノ」として，「お客」「運転手」と考える対象がはっきりしてくるから，討論が可能となるのであろう。

　　氏は，これだけしか述べていません。皆さん，激しい討論が行われる理由が，まだないのでしょうか。今まで学んだことと結びつけてよく考えてみて，気がついたことを下記に書いてください。

指示の高みへ

　指示では，これまで「1時に1事の原則」や「AさせたいならBと言え」について述べてきました。ここでは，これまでふれられなかった指示に係わる幾つかのことを述べてみます。

　まず，指示をする場所の問題です。社会科では，見学や観察をして，学校外で学習する活動が他教科よりは多いと思われます。野外で指示を出す場合，どんなふうにしますか。

　まず，子どもたちが教師の声が聞こえているかが大切です。ただし，聞こえていても，教師の指示を子どもが理解できていなかったら意味がありません。そこで，聞こえるだけでなく，子どもも教師も互いに顔が見えることが求められます。なぜなら，子どもの顔が見えれば，その顔の表情から，今の指示では全員に理解されていないなといった判断が出来るからです。また，子どもが教師の顔が見ることが出来れば，子どもが安心するとともに，声だけでなく教師の顔の仕草によって，子どもに指示を出すことも可能となります。声を出して指示することも憚られる静音が求められる見学先がないとも限りません。そんな時は，声による指示は必要最低限にとどめなくてはなりません。さらに，野外では広く場所をとることも不可能な時があります。そこで，野外で指示を出す場合は，見学先に邪魔にならない安全な場所を確保してから，その場所に子どもたちを集めます。そして，教師の前に子どもたちを座らせ，全ての子どもが教師の視野に入ることを確認します。その後，全員教師の方を見させ，声が聞こえているか確認します。それをしてから，指示をするようにします。

　次は，高まった指示について述べます。一時期，「指示待ち人間」という言葉が流行りました。指示を受けないと動くことが出来ない当時の若者を揶揄する意味で使われていたように思われます。指示がないと動けないということは，主体性がないということです。本当は，54頁の伊藤の言葉「問題や疑問を持った子どもが，自分でそれを解決していければ，発問などない方がいい」のと同様，指示がなくても動き出せることが理想です。また，ポストコロナの社会では，一々指示を受けて動くような人は，より求められなくなるでしょう。

　では，指示がなくても動き出せるようにするには，どのようにしたらよいでしょうか。先に見た身体検査の事例では，「早く検査をし終えた人は○○していなさい」という指示を2回ほどした後に，「早く検査をし終えた人は，何をしていたら良いか考えて，良いと思ったことをしていなさい」と指示します。それが出来てきたら，指示なしでやり切れるか試してみます。うまくいったら，賞賛します。うまくいかなかった時は，「残念です。皆さんは，一つ一つ何か言われないと動かない人と，何も言わなくても自分の頭で考え動くことが出来る人，どちらの人になりたいですか。」と語りかけ，根気よく指示なしでも動くことが出来るように鍛えていけばよいのです。

　指示を極力なくすことは，日頃から授業中によく見られる学習規律に係わる指示でも，同様です。この学習規律に係わる指示は，身体検査終了後の教室での過ごし方と同様，ある程度ルーチン化可能なものなので，先のような手立てを根気よくとっていけば，無指示が可能になると考えられます。

　問題は，ルーチン化が難しく，子どもに当意即妙な判断と動きが求められる時です。「自ら考え，自ら判断する子ども」を育てたいと思うならば，困難であっても教師の指示を極力少なくしていく手立てをとりたいものです。そこで，「1時に1事の原則」の進化を図る試みを子どもと教師共々で行っていきたいものです。大西（1988, 110）は，次のように述べています。

　　ところで，このような「指示」で授業が行われ，そればかりに子どもが慣れると，

　　ア，一つの指示でしか行動できなくなる。現実社会では，一つの指示だけで行動することはほとんどない。メモをとるなどして，いくつもの指示を，自分で確認する能力が必要になってくる。

　　イ，小さな「指示」になれると行動はしやすいが，自分で行動をつくり出し，自分で考えて行動していく態度を養成しにくくなる。

　　ウ，高学年になると「一指示一行動」では，あまりにも単純な指示に，なんだかバカにされたような気分になる。また，いちいち子どもの行動を確かめながら指示をださねばならないので指導がくどいとかんじられるようになる。

大西（1988, 113）は，「一指示一行動」の原則を身につけることは，教師の基礎的な技術として大切ですが，「多指示行動」ができるようにするための前段階であると言います。そして，氏は，次のように指示の訓練法を述べています（大西1988, 118-120）。

　　「全文を読んだら，座りなさい」
　　全文を読むという行動と座るという行動を切り離すことができないために，二つに分けることができず，「二指示行動」になってしまうことはすでに述べた。
　　まずこのような，行動を分割することができないために多指示にならざるを得ないものからはじめて，順次，多指示行動―に子どもたちを慣らせていく事が大切である。
　　つまり，次には「一指示行動」と，「二指示行動」「三指示行動」を意図的に組み合わせて「指示」するようにつとめるのである。
　　そして，すこしずつ「多指示行動」を「指示」の原則として導入していけばよいのである。
　　そして，最後に，「指示」なしで，やらねばならないことを「説明」して，自分で，行動の順序，行動のやり方を考えて行動するようにするのである。つまり，「指示」なしで（たとえば，「説明」するだけで）行動するように子どもに教えるのである。

　以上，「一指示一行動」→「多指示行動」→「指示」なし，という流れをとって，「1時に1事の原則」の進化を図る試みを子どもと教師共々で行っていきたいものです。これは，時間がかかりますが，やり切ることができれば，子どもは大きく育ちます。
　ところで，一時に多指示をする場合，「まず，〇点あります。第1点目は，……です。第2点目に……です。……。以上です。」と，最初に何点指示するかを明確に述べることが大切です。子どもたちには，指を折らせて聞くようにさせると良いです。第1点目と言われたら，指を1本折り，第2点にと言われたら，2本指を折らせるのです。

説明することや説明の仕方を明確につかむ

　授業者の指導言として，発問や指示と並んで重要なのが，説明です。大西 (1988) は，発問なしでも授業はできるが，説明なしでは授業ができないように，授業で一番大切なのは，発問ではなくて説明であると言います。確かに，発問なしで授業は出来るかもしれません。しかし，それは，一部の優れた授業を別にすれば，よく批判される講義調の授業になってしまうのではないでしょうか。また，第Ⅶ講で紹介する伊藤の言説，「問題や疑問を持った子どもが，自分でそれを解決していければ，発問などない方がいい。しかし，それは，子どもが分析・検討の方法が身に付いている場合である」のように，子どもが分析・検討の方法が身に付いていれば，教師は必要最低限の説明をするだけでも良いでしょう。発問なしの授業は，通常は，めざすべきものではありません。

　大西 (1988, 71-72) は，「教師の『指導』がすべて『発問』によって行われているという単純な思い込み」により，「もっとも基礎的である『説明』が見えにくくなり，『説明』に対する，研究や追及がおこなわれにくくなっている」ことへの警告を発したかったのです。「教えることは，教育内容をうまく，わかりやすくすること」（大西 1988, 69）ならば，説明は，もっとも基礎的で大切なものとなります。「そして，説明すること，説明のやり方が教師であるあなたにはっきりつかめたとき，それを，子ども自身が，自分で発見し，自分で考えつき，自分で教科の内容にたどりつくように，発問や指示の形に替えて，授業化することができるようになるのが，よい教師であり，技術的には高度な授業」（大西 1988, 69-70）なのです。そうであるならば，まず，説明が基盤となると言えます。

　では，説明にはどのようなものがあり，どのようにすればうまい説明になるのでしょうか。大西 (1988, 73) によれば，説明には次の三つの主要な要素があります。

　①教材の内容の提示―学ぶべきものが何かを示す。

　②教材の理解方法の提示―どういう順序で，どういうふうに考えていけば
　　わかるようになるか，わかり方を述べる。

③教師の判断の提示―何が正しいのかを教える側が到達した結論を指し示す。

大西（1988，73）は，①を「問題提示」，②を「方法提示」，③を「判断提示」と呼んでいます。そして，大西（1988，73－77）は，長い説明もこの三つに分けると，わかりやすい説明になるとしています。さらに，氏は，重要なところをはっきり指し示すこと，子どもの知っていることや子どもの経験していることと教師が説明しようとすることとを関係づけること，学ぶ順序や方法を指し示すことを，優れた説明のポイントとして挙げています（大西 1988，78－98）。

この他に，説明をする際，喩えを用いて説明していくと，子どもの理解が進みます。また，第XI講でもふれますが，ポイントとなることは必ず板書してから，説明することです。これは，子どもが，どのような説明をこれから教師がするのかという構えをつくり，教師の説明へスムースに入っていくことができます。さらに，ポイントが黒板に明記されていますから，説明し終えたことを想起しやすく反芻しやすくなります。子どもの説明に対する理解が進みます。さらに，教師にとっては，説明し残しをすることがなくなり，大切なことを首尾よく説明できます。

岩下修（1989）『ＡさせたいならＢと言え―心を動かす言葉の原則―』明治図書

大西忠治（1988）『発問上達法』民衆社

片上宗二（2013）『社会科教師のための「言語力」研究―社会科授業の充実・発展をめざして―』風間書房

田中力（2006）『社会科研究授業づくり　教材と活動の開発技法』明治図書

向山洋一（1985）『授業の腕をあげる法則』明治図書

第Ⅵ講　見えるものから見えないものへ
一教育内容と教材の峻別を！一

小さい事に忠実な人は，大きい事にも忠実であり，小さい事に不忠実な人は，大きい事にも不忠実です（ルカによる福音書16:10）。

　「雪がとけたら何になる」を，「水」しかこたえられない発問にするという第Ⅳ講での問題は，実は一字だけを変更すれば可能となります。「雪<u>は</u>とけたら何になる」にすればよいのです。こうすれば，「春」という意見は出てこないはずです。よしんば，出てきても，それはおかしいよと言うことが出来るはずです。「が」を「は」に変えるというたった一字の違いで，こたえはこんなにも大きく違ってきてしまうのです。発問を（発問に限りません）十分に検討せず，素人でもできそうな発問をして，子どもたちから思わぬこたえが返ってきた時，自分の発問のまずさを反省しない人がいそうです。これは，正しく，『論語』にある「君子は諸れを己に求む。小人は諸を人に求む。」でしょう。これは，君子というものは何事も自分の責任としてとらえ，人のせいにしないが，小人はうまくいかないことはなんでも人のせいにするという意味です。クラスに30人の子どもがいたら，教員が物事を簡単に考え時間を5分間浪費する場合，5分×30＝150分，なんと150分の時間の浪費です。その都度，子どもが悪いと考え反省もせず，こんなことが度重なれば，どれだけ子どもたちから時間を奪うのかとなります。

　さて，低学年に社会科があった時，パン工場見学がよく行われました。その際，工場見学をしてからパン作りをさせるのか，パン作りをさせてから工場見学をさせるのかという順番(授業の流れ)が問題となり，論争になりました。どちらか先でしょうか？下記に自分の考えを書いてみてください。

「神は細部に宿る」と言います。発問に関わる言葉のちょっとした違い，学習の順序の違いといった細かなところもよくよく考え，授業を作っていきたいものです。なにしろ，後戻りのできない一回限りの授業ですから。

社会科における地域の意義

さて，少し話題を変えます。社会科ではよく地域のことを学びます。地域のことを学ぶ意義は何でしょうか。公民的資質の基礎の育成には"今ある社会を探り，あるべき社会を志向する"よう導くことが大切だとする社会科勉強会（1983）は，次のように述べています。

　　社会とは地域そのものであるとも言える。したがって，公民的資質の基礎を育成するためには，人々の働きかけによって一つのまとまりを形成する地域を取上げ，「地域の特性」を発見し，「その特性の意味」を考え，そのような地域の中で「自分を含めた人間が，いかに生きていくべきか」を考え学習しなければならない。
　　「公民的資質の基礎は，地域学習によって培われるのであり，小学校の社会科は地域を素材とした学習でなくてはならない。」と考えるのは，このような理由からである。

この他，朝倉（1989）は，①地域は社会事象を意味づける場である，②地域は社会生活の原則を発見させる場である，③地域は社会の発展を願う気持ちを養う場である，④地域は社会科の学習能力を育成する場であることを，地域の意義に挙げています。山口（2002）は，⑤児童・生徒の実践行動の場であること，⑥野外学習が容易に体系的に実施できる点を，社会科での身近な地域の重要性に挙げています。

社会科は，社会事象の持つ社会的意味や本質の理解が重要です。社会事象の持つ社会的意味や本質は目に見えません。例えば，国民生活に地方公共団体の働きが反映することは直接目に見えません。社会科は「目に見えないものを見えるようにする」教科と言われます。鈴木（1983，213－214）は「『地域を対象化する』とは，抽象的な地域を具体的なみえる『もの』に転換する

ことであった」とし，「みえない抽象的な『もの』が，具体的な『もの』を介して，みえる具体的な『もの』へ転換していく構造」を社会科の大切な視点としています。

　例えば，地域住民の要望で公園が整備された等の事実から，国民生活に地方公共団体の政治の働きが反映することが捉えさせられます。整備された公園を見学し，公園に来る人達や市役所(町役場)の係の人から聞き取りし，その成果を話し合って練り上げる学習が考えられます。このように，⑤児童・生徒の実践行動の場を設定し，⑥野外学習を体系的に実施する中で，①の社会事象を意味づけたり，②の社会生活の原則を発見したり，③の社会の発展を願う気持ちを養うことができます。また，④の社会科の学習能力も育成されます。このことから，地理的内容だけでなく，歴史的内容や公民的内容でも地域学習は積極的にすべきと考えられます。

「目に見えないもの」＝（　　　　　），「目に見えるもの」＝（　　　　　）

　ところで，教材とは何でしょうか。教育内容とは何でしょうか。下記に自分の考えを書いてみましょう。

　授業場面に限って「教材」を考えてみましょう。豊田(2008，66)は，「教育内容」を「子どもの目に見えないもの」，「教材」を「子どもの目に見えるもの」としています。社会科は「目に見えないものを見えるようにする」教科でした。国民生活に地方公共団体の働きが反映することで言えば，豊田によれば，「子どもの目に見えないもの」である「教育内容」は，国民生活に地方公共団体の政治の働きが反映していることです。「子どもの目に見えるもの」である「教材」は，地域住民の要望で公園が整備された等の事実，及びその事実の意味を考えさせるための，整備された公園の見学や公園に来

る人達や市役所(町役場)の係の人から聞き取ったことです。「子どもの目に見えるもの」である事実やその意味を捉えさせる活動の内容が掲載される教科書は、しばしば主たる教材と言われます。ただ、教科書は、眼前の子どもに合わない場合もあり、既製服と同じでオーダーメードが必要な時があります。
　ところで、豊田(2008, 66)は次のように言います。

　　そもそも、社会科で学習させる社会的事象の意味や構造は、理科などで扱う自然現象と違って抽象的・概念的で子どもたちの目に見えないものである。したがって、社会科の学習内容をそのままの形で提示しても子どもたちに習得させることは難しい。そこで、子どもたちに学習内容を分かりやすく理解させるためには、子どもたちの目に見えるような具体的な事例や事実がどうしても必要となってくるわけである。

　教科の本質上、社会科は他教科より指導が難しく、嫌いな子どもと苦手な教師が生まれると言えます。特に、社会科嫌いな子どもにするのが、「社会科の学習内容をそのままの形で提示」することです。これは、豊田流に言えば、「子どもの目に見えないもの」である「教育内容」をそのまま子どもに示すだけの授業です。「子どもの目に見えないもの」である「教育内容」を、いくら子どもに示しても目には入りません。教師でない素人でもできそうな授業です。では、どうしますか。次では、このことを具体的に考えてみましょう。

まずは、「教育内容」と「教材」を峻別しよう！

　皆さんがうけた憲法の授業を思い出して下さい。小学校６年生の授業、中学校公民的分野での授業、高校現代社会などでの授業、思い出せます？授業がなかったのは論外として、恐らく思い出せなかった人が多いのではないかと思います。例えば、こんな授業でしたか。憲法の条文を解説した授業。下線を引かせて、憲法のここは大切だから覚えなさいと言われた授業。大日本帝国憲法と日本国憲法を比べ、日本国憲法に流れる精神を浮かび上がらせようとした授業。人権獲得の歴史の中で日本国憲法を位置づけた授業。これら

の授業が，何故思い出せなかったのでしょう。この問題を安井実践「婚姻届を書こう－憲法入門－」（安井 1980，13-25）から考えてみましょう。

　前述したような憲法学習は，安井は，「『なるほど，憲法というのは大切なものだ。少しは勉強しなくちゃ……』と納得するかとなると，少々自信がない。」と言います。そして，氏は，「憲法への導入は，『憲法というもの』を子どもが実感できること。つまり『憲法ってそういうものだったのか』とその実態を具体的につかむことでなくてはならない。そして，そのことによって『ぜひ勉強してみたい』という気持ちが起こるものでなくてはならない。」と言います。そこで，氏は，「婚姻届」の教材化をします。なぜ「婚姻届」が憲法入門になるのでしょう？予想を下記に書いてみて下さい。

```
┌─────────────────────────────────────────┐
│                                         │
│                                         │
│                                         │
└─────────────────────────────────────────┘
```

　安井の実践時と社会情勢が異なり，今は必ずしも婚姻届を子どもが将来書くとは限りません。しかし，子どもの関心は間違いなく高いはずです。では，安井実践を再録してみます（安井 1980，17-25）。

0.市役所の窓口で婚姻届の用紙をもらい，人数分印刷します（人数分の婚姻届があれば迫力があり，その方が良いですが，授業で使うためと事情を話してもたいてい窓口で断られます）。

1.「今日から憲法の勉強に入る。そこでまず今日はこれを書いてもらいたい。全員必ず書くんだ。」と言って，婚姻届を配ります。配られたものが婚姻届と分かると教室は一挙に騒然となります。

2.子どもたちから，「これほんとに書くんですか。今，ここで書くの……？」という質問が出ましたので，今ここで書くのだとなるべくまじめな顔で答えます。

3.すると，「だって，“夫になる人”なんてどうやって書くんですか」とまじめな顔で女生徒が質問しました。そこで，「もし決まっている人がいたらその人の名前を書いて下さい。決まっていない人は，まあ今日のところは自分の希望でいいよ。とにかく勉強なんだから……」と，まじめさを崩して答えます。子どもが，氏名，生年月日，住所を書き終えたところで，問題提起をします。

さて，安井氏はどのような問題提起をしたのでしょう。それを紹介する前に，手元に婚姻届を用意し（インターネットから婚姻届と検索すれば様々な婚姻届が出てきます。好きなものをダウンロードして下さい），憲法を支える精神・思想がどこに具体化されているか考え，チェックを入れてみましょう。チェックした箇所が，安井の問題提起につながっているでしょうか。

　安井氏は，次のように続けました。

4. 「住所の次に本籍があるね。問題はその次だ。父母の氏名というのがあるね。これはどうなんだろう。自分たちで書いてしまっていいのか。それとも父母にサインしてもらうべきなのか……。」と問いかけます。

5. どう考えるか採決すると，父母のサインが必要 18，自分で書いていいが 18 でした。その後に，討論をさせます。

6. 両論出た後，「その正解が憲法に書いてあるんだ。教科書のうしろに憲法があるだろう。見てほしい。なんと 103 条まである。この中に今の正解があるんだ。さがしてほしい。」と指示します。

7. 「結婚のことが憲法に？」と思った子どもたちでしたが，すぐ探し始め，「あった！24 条だ」と見つけました。

8. 子どもに大きな声で 24 条を読ませた後，教師がもう一度「両性の合意のみ」というところを強調して読み上げます。

　氏の問題提起は，父母の氏名欄を親の承諾なしに書けるかでした。これは憲法に謳われた個人の尊厳，男女の本質的平等と関わります。

　憲法の条文をかみ砕き（かみ砕いたかも怪しいですが…），説明するだけの授業は，「教育内容」をそのまま子どもにぶつけた授業です。大日本帝国憲法と日本国憲法を比べ，日本国憲法に流れる精神を浮かびあがらせたり，人権獲得の歴史に日本国憲法を位置づける授業は，条文説明の授業より良いでしょう。しかし，子どもは，自分の生活との関わりが分かり難く，勉強したいと思う授業にはなり得ません。テストが終われば忘れ去られ，どんな授業を受けたか覚えていない，学力の剥落現象が進みそうです。子どもの心に残る授業は，子どもの関心が高く，いつか自分にも関係しそうと思わせる安井実践のような授業でしょう。

　安井実践は，まず「教材」と「教育内容」とを峻別して考える大切さを教えてくれます。「子どもの目に見えないもの」である「教育内容」を，いく

ら子どもに示しても目には入りません。「子どもの目に見えないもの」である「教育内容」を，教師が子どもの視点に立ち，子どもの世界と「教育内容」とを媒介する「教材」＝「子どもの目に見えるもの」に組み替えることが大切です。

　以上のことを図示すれば，下のようになります。「教えたいもの」としての「教育内容」を，「教えられるもの」としての「教材」にし，さらに「学びたいもの」としての「魅力ある教材」へと高めたいです。「学習者」の認識と感情に働きかけられるのが「魅力ある教材」です。教えるプロなら，少なくとも「教えられるもの」としての「教材」にはしていきたいです。「教えたいもの」としての「教育内容」をそのまま教えるのは素人の授業です。

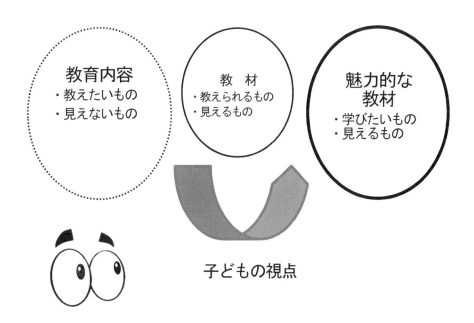

　ところで，第Ⅱ講において，住野が「トイレットペーパーは何巻きしているかを計算する」の授業と係わって，次のように述べていたことを思い出して下さい。

「教育(教科)内容」と学習者の世界とを媒介する「トイレットペーパー」という「教材」を設定し，それによって学習者の認識と感情とにセンセーショナルに働きかけることが，数列の計算手続きとその意味とを同時に教授することを可能ならしめるのです。

　授業において「教育(教科)内容」を直接示すのでなく，パフォーマンス豊かな教師の「教授行為」によって，魅力ある「教材」を学ばせ，それによって「教育(教科)内容」を獲得させるという構想は，小学校では常識です。

　もう，筆者が，「『小学校では常識』になっているのか疑問ですが」とことわった理由がわかるでしょう。憲法の授業もそうですが，残念ながら，小学校の教育現場でも，「『教育(教科)内容』を直接示す」素人のような授業が，しばしば見られるのです。第Ⅱ講で，「社会科を教える者は，教えていることの『その意味や生活での応用の問題に言及』し，『なぜ，社会科を学ぶのか』が分かる授業に心がけたいものです。」と述べました。ここで，どのようにすれば，そのような授業をつくることができるのか，その手立ての一端として，子どもの視点に基づいて教育内容を教材に組み替えることを示してみたわけです。

　ところで，数列の計算の手続きさえ知ればよく，それ以上を求めない学ぶ側の問題が残されています。私たち教師は，なにも，社会のことを様々知っているだけの物知り博士を育てたいわけではありません。この問題をどうにかしないと，社会科教育としては十分ではありません。そこで，「なぜ，社会科を学ぶのか』が分かる授業に心がけた上で，子どもたちに，「なぜ社会科を学んでいるのか」考えさせる場作りを機会を捉えてはしていきたいものです。

　さて，安井(1980，15)の「婚姻届」を教材化した考えは，次のようです。
1　子どもに「憲法とはこういうものだ」と提示するには憲法の条文か全文を具体的にとりあげることがよいです。子どもにとって身近でとっつきやすく，関心が高いものは，24条「婚姻の自由」でしょう。
2　「憲法入門」は，憲法を支える精神・思想にふれるものでなくてはなりません。それらにふれるからこそ，「憲法ってそういうものだったのか」と子どもが分かり，「少しは勉強しなくちゃ」と意欲をかきたてるものとなるのです。

3　婚姻の自由は，個人の尊厳，男女の本質的平等に立脚するものです。個人が家や国の犠牲となり，男尊女卑が当然とされていた旧制度と対比することで，より明確に憲法を支える精神・思想が浮かび上がってきます。

4　先の精神・思想は「婚姻届」の中に具体化されています。家のためでなく，両性の合意のみに基づくことが書式に明確にあらわれています。子ども達もいつか必ずこの書式は書かねばならないものです。子どもの関心を一挙に集め，憲法を支える精神・思想へと導く，またとない素材です。

　婚姻届が憲法を教える際の魅力的な教材になり得ることは分かったことと思います。しかし，今，この安井実践をすれば，幾つか課題が出てきそうです。地域によっても授業の仕方を工夫しないといけないかもしれません。どのような課題がありそうか，下記に自分なりの考えを書いてみましょう。

朝倉隆太郎(1989)「地域と地域学習の本質」朝倉隆太郎編著『地域に学ぶ社会科教育』東洋館出版社，7-14

社会科勉強会（1983）『研究紀要８集　地域性を生かした教材開発と指導の工夫―第５学年　工業的内容領域の展開』社会科勉強会

鈴木正気(1983)『学校探検から自動車工業まで―日常の世界から科学の世界へ―』あゆみ出版

豊田憲一郎(2008)「小学校社会科教育に関する一考察Ⅱ： 教材の視点から」九州ルーテル学院大学紀要 visio37 巻，65-74

藤岡信勝(1991)『社会認識教育論』日本書籍

安井俊夫(1980)『主権者を育てる公民の授業―婚姻届から核戦争まで』あゆみ出版

山口幸男(2002)『社会科地理教育論』古今書院

第Ⅶ講　再び見えるものから見えないものへ

伊藤実践から見る「見えるものから見えないものへ」

　社会科授業の本質と難しさ表す言葉に「見えるものから見えないものへ」があります。先ほど述べたように，教育内容が「見えないもの」であり，教材が「見えるもの」とすれば，この社会科授業の本質と難しさ表す言葉「見えるものから見えないものへ」は，授業を展開する過程の原則にもなり得ます。つまり，「教材から教育内容へ」です。授業を展開する際，まずは「教材」と出会わせ(提示という言葉はあえて使用しません)，そこから「教育内容」に迫らせていくのです。具体例を，伊藤充の「段差を検討すると身分が分かる」から考えてみましょう。まずは，指導案を載せます。

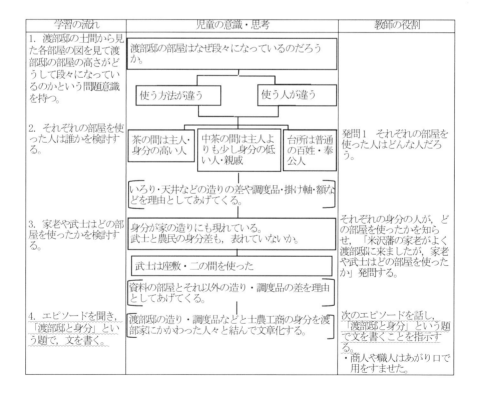

学習の流れ	児童の意識・思考	教師の役割
1. 渡部邸の土間から見た各部屋の図を見て渡部邸の部屋の高さがどうして段々になっているのかという問題意識を持つ。	渡部邸の部屋はなぜ段々になっているのだろうか。 使う方法が違う　　使う人が違う	
2. それぞれの部屋を使った人は誰かを検討する。	茶の間は主人・身分の高い人　中茶の間は主人よりも少し身分の低い人・親戚　台所は普通の百姓・奉公人 いろり・天井などの造りの差や調度品・掛け軸・額などを理由としてあげてくる。	発問1　それぞれの部屋を使った人はどんな人だろう。
3. 家老や武士はどの部屋を使ったかを検討する。	身分が家の造りにも現れている。 武士と農民の身分差も，表れていないか。 武士は座敷・二の間を使った 資料の部屋とそれ以外の造り・調度品の差を理由としてあげてくる。	それぞれの身分の人が，どの部屋を使ったかを知らせ，「米沢藩の家老がよく渡部邸に来ましたが，家老や武士はどの部屋を使ったか」発問する。
4. エピソードを聞き，「渡部邸と身分」という題で，文を書く。	渡部邸の造り・調度品などと士農工商の身分を渡部家にかかわった人々と結んで文章化する。	次のエピソードを話し，「渡部邸と身分」という題で文を書くことを指示する。 ・商人や職人はあがり口で用をすませた。

		・主人は一生，下の段には足を踏み入れなかった。 ・身分の低い百姓は，年に一度だけ，一段高い「中茶の間」に上がり酒をごちそうになった。

　伊藤(1988, 139)は，「歴史学習が他の社会科分野と著しく違う点は，事象そのものを実際に見ることができないことである」と述べています。先ほど述べたように，他の分野とて，社会科の「教育内容」は「見えないもの」でした。歴史学習は，過ぎ去ったことを対象としていますから，さらに「見えるもの」である「教材」が限定されるのです。これが，伊藤の歴史の授業から社会科授業を展開する過程を考えてみる所以でもあります。

　さて，「事象そのものを実際に見ることができないこと」は，氏が歴史授業をつくるのに際して，切実な問題でした。なぜなら，氏は，高学年歴史学習において「自ら学ぶ子ども」を育てたいと思っていたからです。氏の考える「自ら学ぶ子ども」は，「新しい歴史的事象・事物に出会った時，疑問や矛盾を感じ，多角的に歴史的事象・事物を検討し，その意味付けをしようとする子ども」です。歴史的事象・事物の意味付けをする際，先の「事象そのものを実際に見ることができないこと」が問題となって来るのです。そこで，氏は，次のように考えました(伊藤1988, 139)。

　　「ある時代の社会」，「政治構造」，「経済構造」，「社会構造」は勿論のこと，「制度」，「事件」，「思想」なども実際には見えないものである。私たちは，見える資料を検討することで，見えない「制度」のレベルのものを捉え，「政治構造」のレベルのものに気付き，「ある時代の社会」のイメージを持つ。すなわち，「もの」，「文書」などを意味付けるのである。

　そこで，氏は，「見えるもの」である「もの」，「文書」，「絵」，「写真」などを検討させる際，それらのものと，その時代の人との関連に着目させました。それが，「発問1　それぞれの部屋を使った人はどんな人だろう。」でした。そのことで，子どもたちは，それぞれの部屋の敷物・いろり・天井の造り・調度品などといった「見えるもの」であるものの差に着目し，江戸時代に作られた渡部邸の部屋にある段の差が身分の差を表すものであることに気付いていったのです。

伊藤実践「段差を検討すると身分が分かる」から学ぶ授業づくり

　さて，今少し，伊藤が「段差を検討すると身分が分かる」の授業をどのようにしてつくったのかを見ながら，教材と実践者との関わりや，授業づくりの実際を考えてみましょう。

　氏は，言います(伊藤1988，131−132，下線及びアルファベットは引用者)。

　　渡部邸に来ると，江戸時代を感じた。私は，新潟県史執筆委員，市町村史編さん委員などを兼任していたため，渡部邸の外，(中略)多くの「豪農の館」を訪れる機会を得ていた。しかし，なぜか渡部邸が，私に一番江戸時代を感じさせた。

　　なぜ，私がそのように感じるのかを考えた。四つの理由があった。
　　①　渡部邸は，江戸時代に作られた。
　ⓐ②　渡部邸は，江戸時代の人が，自分の考えを建物の形として示した建造物である。
　ⓑ③　渡部邸は，江戸時代の人が使った。
　ⓒ④　私が，①〜③のような条件を持つ渡部邸の中に存在することができる。

　　私は思った。
　ⓓ子どもに，渡部邸を見せたい。そして，ⓔ子どもに渡部邸を検討させたい。
　ⓕ子どもに，江戸時代を発見させたい。
　ⓖ教科書や参考書の記述「江戸時代は……」だけで学習を終わらせたくない。
　　一教師のロマンとして，人は笑うのであろうか。
　ⓗ実際にその時代の人が実際に作ったもの，使ったものを検討させるべきだ。そうすれば，その時代の人物が分かる。それが，小学校の歴史の授業であるべきだ(下線とアルファベットは伊藤)。
　　一教師の理念として，人は笑うのであろうか。
　　しかし，ⓘ私の渡部邸は，私にそのように教えたのである。

　中学校3年生の時，遠くに行きたい気持ちから一人でカメラをもって電車に乗り，たまたま立ち寄ったのが氏と渡部邸との最初の出会いでした。次に訪れたのが，氏が大学4年生の時，歴史の資料調査のお供でした。その折り

に，専門家から邸内の隅々まで指導を受けたそうです。以来，氏は，教材化のために訪れるまでに 13，4 回は渡部邸を訪れています。

　ⓒの「私が，…渡部邸の中に存在することができる」やⓕから，伊藤の渡部邸への思いの深かさ，と言うより惚れ込んでいることが分かります。こんなに素晴らしい渡部邸なのだから，ⓓ〜ⓖのように，子どもに，〇〇させたいという切なる思いが生まれたわけです。しかも，氏と渡部邸との深い関わりが，ⓗのように氏の歴史授業観を育んでもいます。伊藤が渡部邸と出会ってから教材化するまでになんと約 20 年近くの歳月がかかっています。この20 年間は，氏にとって，渡部邸を教材化するための準備期間であり，教材化する心意気を醸成する期間であったのです。

　教材化するまでにこのような長い年月をかけることは，あまりありません。しかしながら，伊藤実践が教えてくれるのは，授業者の思い入れのある教材こそ，子どもの心に響く教材と成り得ることです。このことを，まず確認しておきたいと思います。

　当初，伊藤は，二つの先行実践を参考にして，二つの授業構想を考えました。一つは，江戸時代の大庄屋中筋家の四つの門を使う人の違いから，江戸時代の身分制をとらえさせた片桐(1979)実践を参考に，渡部邸の門の検討から江戸時代の身分制をとらえさせる授業です。二つ目は，江戸時代の農家の造り（便所）から増産に努める農家の人々の生活の知恵を考えさせた有田(1985)実践を参考に，渡部邸の段差の部屋の検討から身分制をとらえさせる授業です。家の構造より意味を捉えさせようとする点が，両先行実践とも共通していましたが，片桐実践は門そのものの構造や四つの門の違いなどは検討対象になっていませんでした。有田実践は，便所そのものものの構造が検討対象になっていました。氏は，教材化のために渡部邸を訪ねるまで，どちらの授業を展開するか迷いがあったと思われます。

　渡部邸を訪ね，まず氏がしたことは，次の三つでした。①中腰になって見える物の確認。②多くの「もの」に触れる。③段差の部屋を何度も，おりたりのぼったりする。

　伊藤が①の中腰になった理由が分かりますか。これは……，子どもの視点から何が見えるかを確認すること，子どもの視野の確認です。机間指導で子

どもの声を聞く際，腰をかがめ，子どもの目線で子どもの声を聞くことと通底しています。

さて，今まで何回も訪ねた渡部邸です。今さら，②や③をするのはなんなのでしょうか。これも，子どもの立場にたち，子どもがどのように感じるか確認をしたのです。伊藤は，「子どもの知覚を経験した」(伊藤1988，134)と述べています。

それでは，先の３点は何のためにしたのでしようか。この３点は，授業者の子どもの知覚の確認や体験のためでした。そして，この時の授業者にとっての最大の悩みが何か考えれば，推測は可能です。この時は，二つの授業構想のどちらを授業にかけるかが，氏の問題でした。その意志決定をするための知見を得るため，３点のことをしたのです。伊藤は言います(伊藤1988，134)。

　　私は，決めた。「②，渡部邸の段差の部屋を検討させることにより，江戸時
　代の身分制をとらえさせる」授業をすることを。理由は三つある。
　　a 渡部邸では，門と住宅の出入口が重複しているものがある。
　　b 段差の部屋は，段差の上下関係が，そのまま身分の上下関係を示す。
　　c 段差の部屋にある調度品や部屋そのものの造りを比較させることによ
　　　り，その部屋を使った人が分かる。

先の３点は，はたして子どもがb とc を分かるかを判断するためだったのです。a は，記述がありませんでしたので，もしかすると事前に確認したのかもしれません。とすれば，渡部邸の門をくぐって，3点のことをした時は，段差でいくというある程度の心づもりがあったのかもしれません。

授業構想が定まると，氏は，渡部邸の事務室を訪ねます。さて，授業者の伊藤は，事務室で何をしたでしょうか。

伊藤は，次の４点を事務室の人に述べています。①社会科の学習で，渡部邸を教材としてとりあげたいこと。②渡部邸を子どもに見学させて，「江戸時代さがし」をさせたいこと。③段差のある部屋を子どもに検討させることにより，子どもに江戸時代の身分をとらえさせたいこと。④馬屋をとりあげて，江戸時代の農民の増産への工夫をとらえさせたいこと。

①と②は，見学の可否と見学の依頼になるでしょう。②〜④は，事務所の

人に自身の教材化の方向性の確認をしていると思われます。小学生が大勢で見学に来れば，見学先も不都合かもしれません。多くの施設は，学校教育には協力的です。したがって，まさか見学拒否はないでしようが，全く考えられないこともありません。見学を授業に組み込む際は，見学先に，いつ，何人の子どもが来て，どのような趣旨の見学をするのか，依頼とともに話しておくことが求められます。②は，子どもに「江戸時代さがし」をさせるに当たって，渡部邸がふさわしいか，それとなく聞いているのです。③と④も同様です。その結果，「渡部邸の人々は，私の考えに賛成し，私の考えを補強し，私を激励してくれた」のです。これで，めどがついたというのが，伊藤の気持ちでしょう。しかも，事務室の人から当時の渡部邸の授業で活用できるエピソードも教えてもらい，早速，それを指導案の4で活かしています。

　その後，「渡部邸の段差の部屋」の教材研究を行っています。まずは，「渡部邸の段差の部屋」は，いかにして作られたかという教材研究です。渡部三左衛門が段差の部屋を作るまでの過程を，氏は探求した結果，次のように結論づけています(伊藤1988，136)。

　　三左衛門は，ひん発する一揆や騒動に身分制のくずれを見た。武士身分であり，大地主であった三左衛門にとって，それは不都合なことであった。彼は，自分の支配範囲の身分制のくずれを防ごうと考えた。その考えは寛政十年（一七九八）の「家の掟」，「段差のある部屋」として具体化されたのである。
　　渡部三左衛門をして，そのように考えさせ，「段差のある部屋」を作らせたのは何か。
　　それは，江戸時代という「時代」，宝暦・天明期という「時代」である。

　こう結論づけられたことで，氏が先の有田実践から学んだ二つの視点（①子どもの経験だけからでは，理解できないものを教材とせよ，②構造が，歴史的意味を示すものを教材にせよ）に該当する教材であることを確信したのでした。このように，教材研究よって，段差のある部屋が，その当時の時代性を反映し，子どもにとって豊かな教材となり得ることを確認しています。小学校6年生の歴史学習を指導するにあたり，伊藤氏の学部時代からの歴史学の学びが役立っていることが分かります。

教材が決定した後は，発問づくりをしています。氏は，言います(伊藤1988，137)。

　　問題や疑問を持った子どもが，自分でそれを解決していければ，発問などない方がいい。しかし，それは，子どもが分析・検討の方法が身に付いている場合である。分析・検討の方法が身に付いていない子どもを放っておくのは，教師の怠慢以外の何物でもない。

　この言葉は，次の片上の社会科における発問の中心的機能の考えを思い起こさせます（片上2013，71）。

　社会的事象に対してどのように切り込めば良いか，あるいは問いかければよいか，その切り込み方，問いかけ方を，教材とかかわらせて教師が子どもに示してやることである，と。

　伊藤は，言います(伊藤1988，138)。

　　発問「それぞれの部屋を使った人はどんな人だろう」は，子どもに次のような検討を促す。
　　①　渡部邸には，どのような人がいたか想起する。
　　②　各部屋には，どのようなものがあり，どのような造りになっているかを想起する。
　　③　各部屋の造り・調度品を比較する。
　　④　各部屋と，人を結びつける。

　このように，発問「それぞれの部屋を使った人はどんな人だろう」は，子どもに社会事象を分析・検討する切口を示すものになっているのです。
　指導案作成後は，伊藤は，先輩諸氏に指導案の検討をしてもらっています。その成果が，指導案4の波線部分です。修正前は，「今日の学習のまとめの文を書きなさいと指示する」でした。それを，「子どもに文を書かせる時，題名を示した方よいのではないか」という指摘をうけて，「『渡部邸と身分』という題で文を書きなさい」に修正しています。当初の指示では，書くことが拡散される危険性がありました。確かに，「渡部邸と身分」とした方が書

くことが限定され，より授業のねらいに迫ることができそうです。

　ここで，第Ⅳ講の拡散的発問と収束的発問に倣って，当初の指示を拡散的指示と呼び，修正後の指示を収束的指示とでも呼んでおきましょう（あくまでも筆者のネーミングですので，一般化はされていません。）。様々出させたいなら，必ずしも拡散的指示が悪いわけではありません。特に，授業の早い段階では，様々な考えを出させたいこともあるでしょうから，効果的かもしれません。授業のまとめの段階では，一般的には収束的な指示が求められます。一般的と述べたのは，ある程度本時のまとめをしつつ，むしろ次時に様々出てきた考えを活用したい時などには，拡散的指示をする場合があるからです。

＊＊

　最後に，第Ⅴ講の課題等の説明をしてこの第Ⅶ講を終わりとします。

　まず，飯ごう炊飯での飯ごうの洗い方の指示です。「もっとしっかり洗いなさい」とか，「もっと早く洗いなさい」という指示では，子どもは動きません。飯ごうを早くしっかり洗わせたいから，「しっかり洗いなさい」とか「早く洗いなさい」と指示したのでは，「AさせたいならAと言え」であり，素人の指示です。プロなら，「AさせたいならBと言え」を活用した指示をしたいものです。Bには，「物」，「人」，「場所」，「数」，「音」，「色」に係わる言葉が入りました。これらの言葉をBに入れた指示がなされていれば，基本的には良いことになります。

　岩下は，「音」を活用して，「お鍋を，ゴシゴシ洗う音が，ここまで聞こえてくるように洗ってごらん」と言っています。この指示で，こどもたちは，俄然やる気になり，手の動きが三倍ぐらい速くなったと言います。この場合は，鍋ですが，飯ごうに変えるだけですね。鍋もそうですが，飯ごうは特にそうです，飯ごう炊飯では煤がこびりつきます。この煤を落とすことが，子どもにはなかなか分かりません。そこで，岩下の指示をさらに一工夫してみましょう。「飯ごうを，ゴシゴシ洗う音が，ここまで聞こえてくるように洗ってごらん」と指示し，子どもたちがこの指示を皆聞いたことを確認します。その後，飯ごうがそろそろ洗い終わりそうだなと子どもたちが思い始めた時，「飯ごうがきれいになったと思ったら，指でこすってみなさい。指が黒くならなくなるまで洗ってごらん」と指示します。その際，実際に飯ごうに指を

こすり，指が黒くなることを見せるとよいでしょう。このような追加の指示をする時は，いったん作業を止めさせ，全員指示を聞くことができるようにしてから，追加の指示をするようにしたいです。この「色」を活用した指示は，別の意味もあります。飯ごうがきれいになったかどうかのめやすを，子どもに示すことです。このことで，作業の終了を自己判断できます。さらに，子ども同士で判断させあえ，合格したら教師に判断をあおぐという小先生方式を取り入れれば，教師の負担も軽減されます。

　次の問題は，「車掌さんがならす笛は，誰に聞かせるのですか。」の発問で激しい討論が行われる理由として，「人」を活用した「AさせたいならBと言え」が仕組まれている他に，何が考えられるかでした。これは，「知覚関連語で問う」ことが活かされていると言えます。素人が考えそうな「車掌さんはどんな仕事をしていますか？」でなく，「車掌さんがならす笛は，誰に聞かせるのですか。」は，「知覚関連語で問う」ことと，「人」を活用した「AさせたいならBと言え」が仕組まれているのです。これこそが，プロの発問でしょう。

有田和正（1985）『学級づくりと社会科授業の改造　低学年』明治図書
伊藤充・教育技術の法則化運動新潟法則化研究会（1988）『この教材・発問で歴史の授業が変わる』明治図書
片上宗二（2013）『社会科教師のための「言語力」研究－社会科授業の充実・発展をめざして－』風間書房
片桐清司（1979）「小6『江戸時代の農民』の授業記録―『大庄屋中筋家で』を通して考える―」，社会科の初志をつらぬく会『社会科の初志をつらぬく会の授業記録選第3集』162－191，明治図書

第Ⅷ講　大まかに社会科の授業過程をおさえておこう！

単元レベルでの展開を考えよう

　明日の授業をどうするかと悩む人は，まず，１時間の授業展開に苦心していることでしょう。しかし，授業で子どもを育てようと真剣に思うなら，１時間の授業づくりのレベルで止まるのでなく，単元展開レベルまでの授業づくりを考えられるようになりたいものです。そこで，まず，単元のおおよその展開過程（これは，１時間の授業の展開過程でもあります）を述べてみましょう。

　これまで様々な社会科授業論が登場してきました。特に，1960年代から70年代にかけて，多くの社会科授業論が生まれました。これらの社会科授業論について，江口(1986a, 208)は，「①戦後新教育を推進した問題解決学習を，学習指導要領の改訂(昭和30, 33年版)に沿って修正すること，②知的学力の向上のために，教師の指導力を発揮できる授業(教授＝学習過程)を定式化すること」がめざされたとしています。しかし，次のような動きがあることを勘案すれば，先の②は若干の補足が必要かもしれません。この時生まれた社会科授業論の一つである発見学習を，提唱者の広岡亮蔵は，問題解決学習か系統学習かという論点を整理し，その両者を止揚するものとして提唱したことです。江口(1986b, 210)も指摘するように，この頃，子ども中心の学習過程を授業(教授＝学習過程)と捉えなおす図式が一般化し，教師の指導性と子どもの主体性の両者を十分に活かす授業の試みがなされました。そこで，②は，知的学力の向上を図るために，従来よりも教師の指導力が発揮できて，教師の指導性と子どもの主体性の両者を十分に活かすことが可能な授業(教授＝学習過程)を定式化することがめざされたとしておきたいと思います。

　ところで，1960年代から70年代は，経験主義による問題解決学習の社会科から系統学習の社会科へと流れが大きく変わる時でした。この頃に生まれた社会科授業論として，探究学習や発見学習，社会検証学習，主体的学習等があります。探究学習は，社会科教育研究センター(略称，社研センター)が提唱する授業です。１小単元１サイクル１中心概念という考えに基づき，授

業を組み立てていきます。一つの学習問題を4〜5時間のまとまりで追求し，一つの中心概念を獲得させることを目指しています。中心概念とは，「社会の現象についての事実認識を意味するのでなく，学習の対象となっている社会の現象の根底によこたわる意味的なもの，その現象を整理，解釈したうえでとらえられる社会的意味」（大野1984，136）です。その学習過程は，問題の設定→仮説の設定→検証→結論の吟味→中心概念の発見となります。この過程をよりよく分かるように言い直せば，つかむ→たてる→調べる→練り合う→まとめるとなります（伊藤1984，221-222）。発見学習は，課題を捉える→予想をたてる→仮説に高める→確かめる→発展する，という過程をとります。社会科授業論は様々ありますが，おおよそ，それぞれの授業過程（学習過程）は，導入，展開，終末(終結)の三部に分けることができます。この三部構成は，単元の展開過程としても捉えられますし，1時間単位の授業展開過程としても捉えられます。探究学習の学習過程を分かりやすく言い直したように，導入→展開→終末(終結)は，つかむ→追求する→まとめる（・ふかめる）となるでしょう。

　導入は，つかむ段階です。ここでは，ア「興味や学習意欲の喚起（と問題発見）」，イ「単元をつらぬく問題づくり」，ウ「学習問題に対する予想（仮説立案）」，エ「学習計画づくり」のための指導が必要となってきます。アでは，子どもの生活経験を掘り起こして繋げたり，既習事項を想起させたりして，興味や学習意欲を持たせることが大切です。子どもたちの心に学びの火をつけさせるのです。その上で，各自の学習問題を見つけさせたりします。各自の学習問題を見つけさせることをしない場合は，"アッと驚く"ような教材提示などをして，一気にイの単元をつらぬく問題づくりをすることもあります。アで各自の問題を見つけさせた場合，イでは，子どもたちの問題を出させ，話し合ってクラスで追求していく共通問題に練り上げていきます。ウでは，話し合ってクラス全体での仮説を立てることが考えられます。また，子ども各自にその子なりの仮説を立てさせていくことも考えられます。この場合は，その子の興味や関心に基づく仮説設定が可能となります。是非，試みたいものですが，個々の子どもが立てた仮説が共通問題と繋がったものでないと追求が拡散し，実のある学習にはなり得ません。伊藤（1997，23-24）では，単元「お店屋さん大作戦」で，「作戦学習」という手法により，この問

題を克服しています。子どもたちは，自分たちの買い物調べの結果から，スーパーヤマナカの利用が多いことに気づき，そのひみつは何かを追究しようとしています。そこで，「ヤマナカの人だったら，お客さんにたくさん来てもらうためにどんなことをするか」を考えさせ，お客さんがたくさん来るための作戦を立てさせました。それぞれの子どもの作戦が，その子なりの共通問題と繋がった仮説となっています。学習問題は，場合によっては，幾つかの小さな問題に砕くことができます。大きなステーキを一口で食べずに，切り分けて食べるように，困難は分割して解いた方が良いのです。その場合，エでは，問題解決の順番を考えさせることが必要となります。さらに，学習問題の予想(仮説)の確かめ方を話し合うことも必要になります。また，個別で追求するのか(ひとり学習)，グループでするのか(グループ学習)，全体でするのか(一斉学習)といった学習形態も話し合う場合があります。これを，子どもと話し合って決めていくのか，授業者が主導して子どもに投げかけていくのかは，クラスの実態とその単元にかけられる時間数を考慮して決めていきます。

　展開は，追求する段階です。ここでは，オ「情報の収集と選択」，カ「資料づくり」，キ「発表→討論→確認・理解」のための指導が必要となってきます。この段階は，第Ⅸ講で詳しく述べます。

　終末は，まとめる段階です。ここでは，ク「ふりかえりによる解決」，ケ「学習のまとめ」，コ「学習の発展・応用」，サ「学習の評価」のための指導が必要となってきます。コは，例えば，学習してきたことを活かして学校外の諸機関に提案する等が考えられます。社会科らしい，大切な学習活動になり得ますから，コは是非やりたいものです。しかしながら，必ずしも行うわけではありません。時間が不足する場合や学習が深まらなかった場合は，やりたくてもやれません。また，単元によっては，必要ないこともあります。例えば，半期，あるいは年間と言った長いスパンで授業展開を考え，ダイナミックに授業を展開する場合，この単元は次の単元に繋げる基盤となる単元と位置づけ，コをする時間を次の単元に回して，つなぎに徹することもあります。もっともこのような大単元構想による授業展開は，それなりの授業者のカリキュラムマネジメントの力量と準備，そして覚悟が必要ですので，なされることは希です。

単元展開レベルから、再度伊藤実践を考えてみる

　以上の単元展開過程のおおよそを念頭に置きながら、再度伊藤実践を考えてみましょう。指導計画は以下の通りです。単元名は「鎖国の世の中」です。
　第1次　2時間　渡部邸で「江戸時代」を探そう
　第2次　4時間　将軍・上杉家・渡部家
　第3次　4時間　農民・町民のくらし
　第4次　4時間　米将軍吉宗と紫雲寺潟開発
　第5次　3時間　黒船が来た
　単元の指導目標は、以下の二つです。
　・江戸時代は大名の統制をきびしく実施するとともに、身分制度・鎖国政策を固めたが、その後政治がゆきづまり、改革が行われたこと、一方、町人勢力の台頭により、文化・産業・交通も著しく発達したことを理解させる。
　・重要文化財渡部邸で見学したこと、大名配置図、百姓一揆のグラフ、黒船の絵などの資料を検討して、江戸時代のイメージを持つことができるようにする。

　単元の導入である第1次は、「渡部邸で『江戸時代』を探そう」（2時間）です。伊藤氏は、述べます（伊藤1988，141，下線は引用者）。

　　子どもたちは、江戸時代を表すと考えられる「もの」を探し、なぜそれが「江戸時代」なのか、自分なりの理由をノートに書く。子どもは、この活動を通して文化財に接し、江戸時代のムードにひたる。このような見学は、江戸時代のイメージを持たせるのに役立つと考えられる。

　単元の導入では、①具体性、②明瞭性、③意外性、④必要性、⑤発展性が大切だとされています（佐藤2019，69）。伊藤実践では、渡部邸内の江戸時代を表すと考えられる「もの」探しをさせています。これは、江戸時代を表すと考えられる「もの」という具体物を通して（①具体性）、「江戸時代のムードにひたる」体験をさせているのです。それも、2時間かけてじっくりとか

けて。このことで，やがて，現代には見られない段差等の意外なもの（③意外性）に目が向いていくのです。これは，酒の原材料がふつふつと発酵して酒になるように，子どもたちの問題意識を醸成する過程でもあります。さらに，このことで，子どもたちが江戸時代を探究しようとする気持ちを高めさせる（④必要性）ことにもなります。

　続けて，氏は述べます（伊藤1988，141，カタカナと下線は引用者）。

　　しかし，ｧ子どもたちの「もの」の意味づけは，浅いレベルで安定していることが多く，それが「制度」のレベルまで高まることは少ないと考えられる。
　・第2次，第3次，第4次では，ｨ渡部邸にあった歴史的事物を教材としてとりあげ，研究仮説のような働きかけ（物や文書などと人との関連に着目させること，引用者補足）をする。子どもは，それらの事物の構造を人とのかかわりで検討する。そして，「もの」の中に江戸時代の「制度」やその時代の人々の「工夫」や「文化」を見出し，江戸時代のイメージをとらえていくと考えられる。すなわち，ｩ江戸時代のムードを醸し出していた「もの」を歴史的に意味付けていくのである。

　第1次での子どもの認識は，アのように，浅いものです。しかも，安定していて，ほっておいたら伊藤氏がねらう制度のレベルまで高まってこないようにも思われます。ここで求められるのが授業者の指導性です。そこで，氏は，イのような手立てをとりました。その手立てがとられた一つが，前述した段差の授業ですね。このような授業者の適切な指導性により，単元の導入としての第1次の学習は，第2次以降の学習に発展して行きます（⑤発展性）。そして，「江戸時代のムードにひたる」よすがであった江戸時代のムードを醸し出す「もの」を，ウのように歴史的に意味付けるまでになるのです。
　ところで，段差の授業は，第2次の1時間目であり，第2次の導入にもなっています。ここでは，段差や各部屋にある調度物という具体物からそれを使用した人を検討させ（①具体性），段差の意味に気づかせているのです。
　段差の授業記録しか掲載がないので定かなことは言えませんが，指導計画と指導目標から予測できる感じとしては，伊藤実践は，単元展開レベルから見た場合，次でふれる有田和正のポストの授業ほど，単元を通した連続的な追求が展開される連続型の単元構成にはなっていないようです。連続型の単

元構成と1時間の授業を積み重ねていく集合型の単元構成との混合・変形型とでも呼ぶべきものかなと思われます。つまり，「第2次，第3次，第4次では，渡部邸にあった歴史的事物を教材としてとりあげ，研究仮説のような働きかけをする」とありますから，一応，第1次～第4次までが連続型の単元構成となり，第5次だけは独立している感じです。

　佐藤（2019, 68）は，「中学年の社会科では，単元の学習過程が重視され，単元を通した連続的な追求が展開される連続型の単元構成をとるのに対し，高学年の社会科は単元の学習過程を踏まえたうえで1時間の授業の学習過程に重きがおかれ，1時間の授業を積み重ねていく集合型の単元構成となることが多い」と述べています。中学校の社会科授業は，1時間の授業を積み重ねていく集合型の単元構成の傾向がさらに強まります。ドラマで言えば，1話ごとに完結し，しかも暫く続くドラマといった感じが，中学校の社会科授業です。

完成された教材がよいわけでもない

　有田和正には，「ケント紙一枚で追求力を引き出す指導」と銘打った有名なポストの授業があります。展開計画（単元計画に相当）は，以下の通りです（有田 1985, 165）。

(1)　ポストの構造は，どのようになっているか具体的に表現しながら問題をつかむ……………………………………………… 1

(2)　本物のポストを見て，グループでポストづくりをする ……4

(3)　できたポストを使って，「郵便ごっこ」をする …………2

(4)　郵便局の見学をする 　………………………………2

(5)　ポストから集められた手紙は，どのようにして相手に届くか調べて，紙芝居や絵巻物にまとめる………………………… 2

　では，この展開計画を，先の導入，展開，終末（終結）の三つの授業過程に分類し，下記に記入してみましょう。

・導入は，

・展開は，

・終末(終結)は，

授業の様子は，以下のようです(有田 1985, 165-166, 番号と下線は引用者)。

●書いて知識を確かめる
　⑴「ポストというのを知ってる？」と言うと，「ばかにしないでよ」と言う。「それは失礼しました。では，ポストについて知っていることを，この紙に書きなさい」といって，画用紙(八つ切りの半分。絵を描く子どももいると考えて)を配布した。
　書き始めたとたん，「あ！わからんなあ」という声が出たりして，⑵今までの自信満々がゆれ出す。しだいに，わかっていないことに気付いていく。⑶同じ問いかけで，授業終了時にも書かせて比べると，知識の量だけでもいかに多くなっているかつかめる。書かせる時間は，五分間。
●ケント紙一枚で導入
　⑷模造紙大のケント紙一枚提示して，
「この紙でポストをつくりたいのだが，どうだろう？」
と問いかけると，
　⑸「だめだめ。そんな紙ではだめ」
「それでは，中の手紙がめちゃくちゃになる」
「先生！鉄でなくちゃだめだよ」
と，怒ったように言うのである。
　⑹わたしは，「紙でもかまわんよ。これで立派な丸いポストができるよ」と切り返した。⑺すると，前にもまして大声で鉄でなくてはいけない子どもたちはわけを主張した。

ここで，手紙の大切さに気付き，このためポストはがんじょうにできていることを発見したのである。(8) <u>教師の方からそれらしいことはひと言もいわないのに，「紙」を使うことによって気付かせることができるのである。</u>
　次に，この紙を「鉄」だと考えて，話し合いながら教師がポストを作っていった。しかし，(9)<u>ポストの見方が不備なため，細かなことになると意見が対立し，どちらが本当かわからない。</u>だから，教師は「？」をつけていく。

　明示はされていませんが，展開計画から判断すれば，この授業は単元の導入にあたる第1時間目です。先に見た5点の導入の条件から見れば，単元の導入であるこの授業は一風変わっています。①の具体性で言えば，ケント紙一枚でポストを作ろうというのですから，一見全く具体性がないように見えます。②の明瞭性は，むしろケント紙一枚でポストを作るのですから不明瞭性の方が際立っています。普段から見慣れたポストなのですから，③の意外性もあるようには思えません。④の必要性も，別に子どもたちからポストを作ろうと言い出したわけでもないので，あるとは言えません。⑤の発展性に関しては，後でふれたいと思います。このように，一見すると，導入の条件①〜④全てで，このポストの授業は真逆の要素を備えているように思えます。ところが，授業が進行する中で，真逆と思えたものがオセロで白が黒に変わるように反転し，見事に①〜④の条件を満たしているのです。(4)のように具体性がなく，不明瞭さしかなかったケント紙一枚でのポストづくりだからこそ，(5)や(7)のような，もっと具体的に，もっと明瞭にと①と②を追求する動きが生まれます。その動きの中で，子どもたちは，普段見ていたポストが見えども見えず状態だったことに(2)や(9)のように気付き，④の意外性さえも招来しています。そして，(9)のように？だらけのポストが出来あがってしまったので，必要性に迫られ，ポストの観察をするはめになるのです。単元計画を見れば，各次が連続していることがわかりますので，⑤の発展性もあることが認められます。
　この実践から，教材と発問に係わる幾つかのことを学ぶことができます。まず，教材は必ずしも完全でなくてよいことです。むしろ不完全なものだから，子どもたちはやる気を出していることが授業の様子から分かります。不完全さこそが，ポストの授業の成功の鍵になっています。これは，決していい加減に教材を準備してもよいということではありません。授業者は，意図

的に不完全な教材にしているのです。

　有田は，意図的に不完全にすることを 20 年前に参観した長岡文雄の「ポストの授業」から学んでいます。有田は，述べます（有田 1985，199-201，下線は引用者）。

　　この「ポストの授業」（長岡文雄の「ポストの授業」，引用者補足）を見たとき，「これこそが授業だ。わたしの求めていたのはこんな授業なのだ」と思った。　（中略）

　　この授業こそ「数個の論理」が生きていた。

　　それまでの自分の授業は，まさに「一個の論理」（答えが一つ）であり，「授業」とはいえないと思った。

　　（中略）

　　「ポストの授業」は，いくつかのグループに分かれて作ったポストを発表する場面であった。　（中略）

　　最初に発表したグループのポストは，屋根作りがうまくいかず，屋根が離れているものであった。

　　発表が終わるやいなや，屋根をめぐって論争が始まった。　（中略）

　　子どもたちの論争が山場をすぎたかな，と思ったとたん先生が，「屋根がつけにくいなら無理につけなくてもいいんじゃないか。屋根なんかいらないよ」と発言した。

　　とたんに，授業の様相が一変した。

　　教師に向かって鋭くくいさがり，屋根の必要性を説く。それを教師がきりくずす。子どもがくいさがる。そのうち，教師の考えを支持する子どもも出て，鋭い対立が生まれ，どうなることかとはらはらした。

　　まさに真剣勝負であった。

　　次々に発表されたポストは，投かん口の上のひさしがないポスト，収集時刻のないポスト，（中略）それぞれみんな何か欠けている「欠陥ポスト」であった。

　　わたしは，それまで，教材や資料は完全なものでないとだめだと考えていた。それが，a 不完全さを発見させて，どうしたら完全なものになるか考えさせたり，思考をゆさぶるには，不完全なものの方がかえってよいことを発見し，目がさめる思いであった。

b 構成活動で，子どもに物を作らせるとき，凡人は完全なものを求めるが，非凡な人は不完全なもの，子どもが自然に作ったものを大切にすることがわかった。

　下線部 a は，正に有田が実践したポストの授業に流れる授業観です。そして，下線部の b の「子どもが自然に作ったものを大切にする」というのは，第Ⅲ講において長岡の「授業は子どもをさぐる場である」という言葉を紹介した際，「医師は，患者の病状に迫り，それに即応した治療します。麻酔薬の量も投薬も，病状に合わせたものです。治療の出発も帰結も，患者の体に基づいており，これは至極当然のことなのです。」を思い出します。子どもが自然に作ったものが不完全ならば，その不完全から出発して，完全にしていくこと，これは，「患者の病状に迫り，それに即応した治療」ということではないでしょうか。しかも，この方が，子どもを尊重し，子どもと教師とで授業をつくっていくことにもなるのです。

　さて，長岡の「屋根がつけにくいなら無理につけなくてもいいんじゃないか。屋根なんかいらないよ」や，有田の(6)「紙でもかまわんよ。これで立派な丸いポストができるよ」は，子どもをゆさぶる発言です。このゆさぶりで，教師対子ども，子ども対子どもの対立が生まれ，話し合いが活発化しています。(1)の有田の「ポストというのを知ってる？」は，子どもを挑発させる発問です。

　なお，(3)のように，事前と事後で同じ問いかけによる作業や問題等を子どもにさせることで，子ども自身で伸びがわかり，授業を受ける意味が子どもに自覚させられます。評価方法の一つとして活用していきたいものです。

　ところで，何回も出てきますが，先の有田の「バスのうんてんしゅさん」でも，何も準備物がありませんでした。指導案の準備欄には，〈教室にあるもので間に合うので，特に準備するものはない〉と明記されています。ごっこ活動では，黒板とその前を使い，椅子を並べて簡単なバスをつくっています。そして，「道具も何もないので，すべて口で説明しながらさせる。そうすると，おかしいところがよくわかるし，やっている方もわかっていなければ説明できないので，両方とも好都合である。」（有田 1985, 157）となるのです。これは，不完全さを完全なものにしていく活動（この場合バスごっこ活動）を楽しんでやっていると感じられます。

有田和正（1985）『学級づくりと社会科授業の改造 低学年』明治図書

伊藤裕康（1984）「ぼく・わたしの江戸幕府長生き大作戦」，社会科教育研究センター編『社会科授業の探究第2集』明治図書，221-225

伊藤裕康（1997）『「提案する社会科」の授業5 出力型授業づくりへの挑戦』明治図書

伊藤充・教育技術の法則化運動新潟法則化研究会（1988）『この教材・発問で歴史の授業が変わる』明治図書

江口勇治(1986a)「主体的学習」大森照夫・佐島群巳・次山信男・藤岡信勝・谷川彰英編『社会科教育指導用語辞典』教育出版

江口勇治(1986b)「検証学習」大森照夫・佐島群巳・次山信男・藤岡信勝・谷川彰英編『社会科教育指導用語辞典』教育出版

佐藤浩樹(2019)「社会科の学習過程」，佐藤浩樹・原口美貴子・菊池達夫・山口幸男編『テキスト初等社会科』学文社

第Ⅸ講　暗記の社会科とは言わせない！

暗記の社会科脱却にむけて

　まず，社会科授業過程の展開部，追求する過程について考えてみたいと思います。その際，よく言われる暗記の社会科からの脱却も考えながら，展開に係わることにふれてみたいと思います。

　伊東(1982, 35)は，「問題を見つけ，因果関係を追究するという思考の形に授業が組まれていない」ので，「子どもは聞いて記憶するが，考えることをしていない」ことになり，社会科授業が子どもに暗記だけを強いるものとなっているとしています。そうならば，「問題を見つけ，因果関係を追究するという思考の形に授業が組」められればよいことになります。その実現には，まず，子どもに問題を見つけさせることが求められます。その上で，子どもに因果関係を追究させることになります。しかし，そのような授業の実現には，まだ考えなければいけないことがありそうです。

　伊東(1982, 35−36)は，「考える」「思考する」というはたらきには，次の二つの意味があると言います。

　第一の意味は，事実，事象を見たり聞いたりしたことから簡単なことを知る，すなわち簡単な知識を得ることです。このことを，氏は，知覚による「判断」と呼びます。ただし，この呼び方には異論のある人もいましょう。価値を判断する際の判断と，先の判断は違いますが，これでは混同する心配が出てきます。そこで，とりあえず，知覚による「判断」を，知覚による「認知」としておきます。そして，氏は，その「認知」(氏の言葉では「判断」)の結果を命題とか情報と呼びます。そして，氏は，知覚の認知(氏の言葉では「判断」)の結果としての命題，情報を「知識」と呼んでいます。

　第二の意味は，いろいろな知識や情報の間にどんな関係がなり立つかを見つけることで，これを，氏は「推理」としています。それはいろいろな認知(氏の言葉では「判断」)を前提として，それから新しい認知(氏の言葉では「判断」)を結論として導き出す思考の形式です。推理は認知(氏の言葉では「判

断」）と違い，事実を見る・聞くなどの知覚に訴えない高度で抽象的な思考です。そして，氏は，推理による結果を「理解」と呼んでいます。

　氏は，先の「知識」と「理解」とを明確に区別せずに使用してきたところに，社会科を混乱させてきた原因の一つがあるとしています（伊東1982, 36）。これは，「知識」と「理解」を峻別せず，両者を一括りにしてしまったことで，本来社会科授業では「理解」まで高めなければいけないのに，子どもが聞いて簡単なことを知るだけの「知識」どまりの授業になっているのです。そのことで，聞いて記憶するだけの暗記の社会科授業が現出してしまうのです。

　そこで，社会科授業では，まず，「知識」と「理解」とを明確に区別した上で，「問題を見つけ，因果関係を追究するという思考の形に授業が組」めることが求められます。

社会科教材構成の仕方（「見えないもの」から「見えるもの」へ）
＋
社会科授業過程構成の仕方（「見えるもの」から「見えないもの」へ）
＝社会科授業設計の仕方

　伊東（1982, 36）は，次のように，社会科で教える知識内容は，二つに分けられるとしています。

　判断（先ほどの認知）で得られる「大工場は機械設備が優れている。」とか「中小工場の総工場数は圧倒的に大工場より多い。」などという観察，資料などから知覚的に得られる簡単な情報としての知識と，「中小工場は付加価値の少ない簡単な部品をつくっているので利益は少ない。」「中小工場は下うけ工場が多いので大企業に搾取される。」などの，推理による理解とは本質的に異なっていることに気づく。（中略）授業過程で思考をうながす発問も，前者では見学，写真，統計資料からみて，「大工場と中小工場の違いについてどんなことに気づきますか。」という形で行われ，後者では「総工場数は中小工場の方が多いのに，どうして総生産額は少ないのですか。」「中小工場はなぜ大工場に支配されるのですか。」というようになり，発問の形式が違っている。

伊東（1982，37-38）によれば，認知（伊東の言葉では判断）で得たり，観察，資料などから知覚的に得た簡単な情報としての「知識」は，統計資料から読み取ったり見学や観察によって得られる「見える」ものです。それに対して，推理による「理解」は，既に学習して得られた「知識」によって推理した結果「わかる」もので，高度な思考であり，本来「見えない」知識です。氏は述べます（伊東 1982，38-40，下線は引用者）

　ふつう，授業はこの「見えるもの」から「見えないもの」へと進めるものだが，教師が授業を設計する場合，この「見えないもの」から「見えるもの」へと逆に進めるということに留意したい。それをわれわれの用語でいえば「理解から知識」へということができる。
教師による授業の設計は，まず第一に，ある単元で子どもらに育てたい理解の目標（＝学習内容）を設定することから始まる。
（中略）
授業設計の第二段階は，これらの理解を得させるための知識を選択することである。
（中略）
教師は，第三段階として，これらの知識を子どもに発見させるために最適な事実やデータを捜さなければならない。
（中略）
教材を選択し構成する授業設計の第一のモデルを，もう一度簡単に説明しよう。教材構成の第一ステップは授業の究極的な到達点となる「理解」を明確にすることである（民主主義社会の形成者を育成する社会科授業の究極的な到達点は，「理解」ではないという人もいそうです。引用者補足）。この理解というのは関係把握と呼ばれたり，社会的意味と言われることもある。第二のステップはその理解が得られるために必要最小限な「知識」を選び出すことである。ここで必要最小限の知識を精選しておかないと，実際の授業において，子どもらの雑多な思いつき発言に振り回されて，授業の基本的なねらいである理解に到達できないことになる。
（中略）
教材構成の第三のステップは，精選された諸知識を発見するための最適な資料を捜す作業である。ここでは，事物・事象を観察・見学することから，視聴覚教材の利用，データ，文書資料まで多くのものがあろう。この段階でも，第

<u>二ステップの知識が明確にされていることによって，最適な資料選択が可能になる。</u>

ここまでの伊東氏の言説を図示したのが，以下の授業の設計Ⅰの図です。

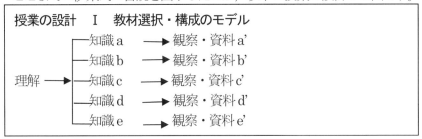

氏は，続けて述べます（伊東 1982，40-42，下線は引用者）。

　教師の授業設計は，右のような教材構成(授業の設計Ⅰのこと)を終えたのち，<u>はじめて実際の授業過程の構成に移る。授業過程の構成は，教材構成の三つのステップを逆に進む。</u>先に触れた用語でいえば，<u>「見えるもの」から「見えないもの」</u>へと展開するのである。　（中略）
　<u>教材構成の第三ステップで選ばれた資料(中略)を子どもに提示し，「このグラフから何が分かりますか，何に気づきますか」という発問がなされる。</u>子どもたちはこのグラフから判断して，知識a（中略）を知る。この過程は事実認識（中略)と呼ばれることもあるが，資料を見て子どもたちが知覚による判断をする思考の簡単な働きである。　（中略）
　さて，右の過程をふんで知識abcde を子どもたちが獲得したのち，<u>「総工場数は中小工場のほうが圧倒的に多いのに，なぜ総生産額は大工場のほうが多いのか」</u>という発問がなされ（教師が発問する場合もあれば，子どもが問題を見つける場合もある。），<u>子どもたちはすでに得た abcde の知識・情報を駆使して推理をはたらかせて，</u>「中小工場は生産性が低いので，総工場数は圧倒的に多いのに，総生産額は大工場に劣る」という理解に到達して授業は終結する。

以上の伊東の言説を図示したのが，次頁の授業の設計Ⅱの図です。

```
授業の設計　Ⅱ　授業過程構成のモデル
観察・資料 a' ──→ 知識 a ──┐
観察・資料 b' ──→ 知識 b ──┤
観察・資料 c ──→ 知識 c ──┼──→ 理解
観察・資料 d ──→ 知識 d ──┤
観察・資料 e ──→ 知識 e ──┘
```

　第Ⅵ講以降，社会科の授業は，「見えるものから見えないものへ」，つまり，「教材から教育内容へ」と展開していくことであることを述べて来ました。このことを伊東の用語でいえば，「知識から理解」へとなります。授業をする前の社会科授業設計での最初の段階である教材構成の過程は，授業展開の仕方とは逆向きの「見えないもの」から「見えるものへ」となります。これは，少し考えれば分かります。「見えないもの」である教育内容，伊東の用語だと到達させる「理解」の内容を，子どもの視点から組み替えて「見えるもの」である教材にするのが，教材開発でした。この教材開発の道筋こそ，「見えないもの」から「見えるもの」へとなります。そして，開発した教材を活用した営みが授業ですから，授業は「みえるもの」である教材を媒介に「見えないもの」である教育内容に迫ることになります。

　伊東（1982，42）は，授業設計での教材選択・構成の過程と違う授業過程構成の特色は，発問にあると言います。教材選択・構成の過程の段階では，発問構成は考えないのです。授業過程構成の段階になって，発問構成を考えるわけです。しかも，「その発問は資料から判断して知識にいたる段階と知識から推理によって理解に達する段階とでは質的にことなっている」（伊東1982，42）のです。知識に至る段階は，資料から「何がわかりますか」「何に気がつきますか」等の発問がされ，理解に達する段階は，「なぜですか」「どうしてですか」という発問が適切になります。知識から推理する際，授業では，仮説を立てて検証することになります。この過程が展開部分なのです。

****

　第Ⅵ講の課題「パン工場見学が先か，パン作りが先か」の説明をして第Ⅸ講を終わります。藤岡（1991，30-32）は，次のように述べています。

　まず，パンづくりを先立てた指導の場合を考える。

　子どもは，パンを食べたことはあるが，つくるのは初めてということが多い。自分にもパンをつくれるのだろうか，という期待と不安がある。未知への挑戦である。

　パンづくりの過程で，子どもは，「こねる」→「ちぎる」→「まるめる」→「ふくらませる」→「おく」というステップの一つひとつを身をもって経験する。たとえば，「こねる」とはどうするかを体でおぼえる。子どもは個々のステップとそれら相互の意味的つながりを知る。自分にもパンがつくれたという満足感もある。

　次いで，工場見学にいく。パン工場は機械化が進んでいる。工場では，各ステップがそれぞれ独立して存在しているのではない。それらは連続し，複雑にからみあっている。

　ところが，子どものパンづくりの経験は，工場の機械が行う連続的な工程を分節化するのに役だつ。自分たちの手でやった「こねる」という作業を，あの機械のあの部分が遂行している，ということを子どもは自分で発見できる。(中略)

　こうして，子どもは，工場のシステムの部分と全体を理解する。自分で分析し総合する喜びがある。手仕事に比べて機械の性能のすばらしさにも感動する。子どもは多くのことを知り，豊かな学習が成立する。

　これに対し，パン工場の見学を先立てるとどうなるか。

　すでにのべたとおり，パン工場のパンづくりの工程は連続し，複雑である。子どもはパン工場につれていかれても，複合的な機械の動きから個々の作業の要素を分節化して認識するのは困難だ。分節化の前提になる個々の要素についての経験がないから，分節化の手がかりがない。いわば，何がなんだかわからない状態になる。パンができ上がる過程を，子どもは漠然と意識するだけである。

　筆者は，さらに，パンづくりを先にさせることで，上手くパンがつくれないような経験をさせ，「工場ではどうやっているのだろう」などと見学での視点づくりや見学に真剣に臨む構えもつくることができると思います。

　ところで，藤岡(1991，36)は，この問題を一般化して，次のように学習の順序性に関わる原則を述べています。これは，参考になります。

　　同一のテーマについて，より直接的な経験による学習と，より間接的な学

習の二つの学習活動を行う場合は，より直接的な経験による学習を先立てる
ほうが，学習は連続的・発展的になる。

私が先生になったとき

宮　澤　賢　治

私が先生になったとき
　　自分が真理から目をそむけて
　　子どもたちに　本当のことが語れるか

私が先生になったとき
　　自分の未来から目をそむけて
　　子どもたちに　明日のことが語れるか

私が先生になったとき
　　自分が理想をもたないで
　　子どもたちに　一体どんな夢が語れるか

私が先生になったとき
　　自分にほこりをもたないで
　　子どもたちに胸を張れと言えるか

私が先生になったとき
　　自分がスクラムの外にいて
　　子どもたちに仲良くしろと言えるか

私が先生になったとき
　　ひとり手を汚さずに自分の腕を組びで
　　子どもたちにガンバレ，ガンバレと言えるか

私が先生になったとき
　　自分の闘いから目をそむけて
　　子どもたちに勇気を出せと言えるか

伊東亮三編著(1982)『達成目標を明確にした社会科授業改造入門』明治図書
藤岡信勝(1991)『社会認識教育論』日本書籍

第Ｘ講　教師の立ち位置など

教師の立ち位置の基本

　発問は，教卓の中央で，子どもの顔をよく見て，子どもが集中していることを確認した上ですべきです。これは，大切な説明や指示をする際も同様です。子どもが集中して聞こうとするまでは待ちます。その後，発問や指示，説明をするのです。また，動き回って大切な発問，指示，説明をしないことが原則です。さて，授業は生き物ですから，その時の勢いが途切れない，リズムが壊れないために，場合によっては，授業中に生まれた発問，指示，説明を動きながらすることがあるかもしれませんから，原則としました。

　さて，板書の際は，四分六の構えで板書するようにしたいです。大西(1987，21)は，言います。

　　経験の浅い教師は，教えようとする教科内容にばかり関心をもって，それが子どもにどう受けとめられているか，どう浸透しているかについて関心が薄い。だから，板書のため黒板に向かったとき，黒板の方へ顔を向けきってしまい，子どもに背中を向けてしまう。そして教師の背後で，子どもが教科内容に背を向けてよそごとをしていてもわからない。あるいは黒板の文字を無心に写してばかりいても気がつかない。そのために教師が黒板に向かうたびに，それまでの授業の流れがたちきれてしまい，そこで授業の停滞が起こっていても気がつかないのである。

　そこで，大西(1987，21－22)は，次のように板書の際は，四分六の構えをとることを述べています。

　　まず，私が黒板に向かうとき，完全に黒板にからだを向けきってしまわず四分だけ黒板に，そして六分は子どもの方へからだを開くようにつとめるのである。つまりからだを斜めにして板書するのである。
　　また黒板の文字を視界の四分で見ながら，視界の六分の中にたえず子どもの顔を入れているように自己訓練するのである。
　　もちろんそれは，顔や視線だけではない。

黒板の板書への注意力は四分，子どもへの注意力は六分にするということである。
　なぜ，5分5分でも6分4分でもなく，4分6分なのか？いうまでもないが，教師の相手は子どもなのである。教材でも，黒板でも教育内容でもない。教師の指導を子どもが受けとめて，はじめて授業が成立するのである。教師は，子どもの顔をみて，その時の教材内容さえ，すてねばならぬときがある。5分5分ではない。なによりも子どもとのきりむすびが主なのである。

　では，どうしても背を向けて板書しなくてはいけない場合は，どうするのでしょうか。大西(1987，23－24)は，言います。

　　背中の後の子どもへ問いかけ，答えさせるという問答をしながら板書をするのである。
　　その問答もできないようなことがらを板書しなくてはならないとき，子どもにノートをとったり，話し合いをさせたり，教科書や資料を読ませるという仕事，課題を指示しておいて，板書をするのである。

　大西(1987，24)は，先の板書の際の四分六の構えをとることや，後述する「声出しの指導」の際に四分六の構えをとるという訓練をし，身につけるように心がけるベテランになれば，子どもに背を向けて板書をしたとしても，背後の子どもの動きが分かってくるものだと述べています。尾木(1988，94－95)も，大西とほぼ同様のことを述べています。大西の言説に尾木の言説を若干付加するならば，板書を写させる際，「板書への心がまえと，ノート写しの見通しを持たせることが，子どもの心をつかんだ上で，子どもたちに背中を向けられる前提」としていることです。さらに，尾木は，黒板に向かって教師は絶対にしゃべらず，板書に集中し，背後の子どもを意識し，把握しているべきだとしています。氏が，黒板に向かってしゃべることと係わり，「板書しながら解説する先生がいます」と述べていることから，大西のように問答しながらの板書を，大木が否定しているのかは定かではありません。ただ，筆者としては，大西のように，どうしても背を向けて板書しなくてはいけない場合，問答しながらの板書はあり得ると思っています。
　なお，子どもとのやりとりをしている時の教師の立ち位置は，「発言時の指導」で述べることとします。

発言の指導

発言の素をつくる

　社会科は，特に話し合いが大切となります。民主主義社会を形成して行くには，その社会の構成員間で合意を形成し，それなりに納得できる応えを導き出していかなければならないからです。その応えを導き出すためには，話し合いが欠かせません。社会科は，民主主義社会の形成者を育成する教科ですから，殊の外話し合いが大切となります。

　話し合いの留意点に，子どもそれぞれが発言できるように仕組むことが挙げられます。例えば，各自の子どもが発言する素がなくては，発言したくても発言できません。そこで，発言させる前に，発言する素を作らせなくてはいけません。発問したらすぐに訊くのでなく，子どもに考えさせる時間と場を設定しなくてはいけません。発問してすぐに訊いたところ発言が出ないので，苦し紛れにあるいは安易にグループ学習にして考えさせる授業がしばしば見られます。そうではなく，まずは自分の意見をノートに書かせたいものです。すくには意見が書けそうもなさそうだったら，前後左右の席の子どもどうしで話し合わせた後，自分の意見をノートに書かせるのです。子どもの足場づくりもせずに，グループ学習をさせてしまえば，発言力のない子どもが発言力のある子どもの意見に引きずられたり，自分の意見をもとうともせずに，フリーライダーになってしまう子も出てきます。

　ノートに意見を書かせる場合は，事前に書く時間を提示してから書かせます。時間を計るには，音で終了を知らせるキッチンタイマーや，目で時間の経過が確認できる砂時計が重宝します。授業展開上の時間配分にもよりますが，意図的にやや短めな時間を予告し，子どもから時間延長の要求があった時に限り，一回は時間を延長します。このような学習に係わる正当な要求を，子どもから引き出させるような場面設定を意図的に図り，子ども自身が学習の当事者であるという構えを身につけさせていきたいものです。このように，授業でも学級づくりをしていくのです。

声出しの指導

　話し合いをするにも，声の出し方が問題になります。まず，隣と話す時は1の声で，グループ学習等の時は2の声で，クラスの皆に話す時は3の声で，体育館では，運動場では等々，声のボリュームを示した声の物差しを設定しておくと良いでしょう。

　子どもが小さな声で発言し出したら，「今，○○さんの声が聞こえた人，挙手しなさい」と指示し，その子にどの範囲まで自分の声が届いているのか確認させます。そして，全員に声が届くまで，言い直しをさせます。しかし，それをしたとしてもクラスの皆に届く声をすぐには出せない子どもがいます。にもかかわらず，何度もそのような子に言い直しをさせたなら，それはその子にとって酷です。そのような場合，その子が精一杯声を出して届く所まで教師が移動し，その子の発言を聞くのです。そして，その発言を，教師はクラスの他の子どもに取り次ぐのです。勿論，その子のことをそのままにしてよいわけではありません。その子の声を聞く位置を少しずつ遠くに，最後はクラス全員に聞こえる位置まで伸ばしていくのです。その際，頃合いを見計らって，先ほどのどの範囲まで自分の声が届いているかの確認と，全員に声が届くまでの言い直しをさせて行きます。これを，焦らず根気よく続けることで，自ずとその子の声は大きくなっていくはずです。これは，本当に根気よく，場合によっては年間かけて行う覚悟でやっていきます。

発言を聞く際の教師の立ち位置と評価

　小さな声しか出せそうもない子の指導のように，声の出し方指導では，教師の立ち位置が大切となります。大西（1987, 44-46）は，個人問答の際の教師の立ち位置について次のように述べます。

　　その子どもが，教卓のすぐ前の席で発言する場合，教師と子どもの問答が小さくなってしまい，その発言する子どもと教師とが接近しすぎて他のクラス全体の子どもは両者の問答から締め出されてしまいがちになる。そうなると，締めだされた子どもたちは，二人の問答が耳に入りにくくなり，よそごとをすることになりかねない。すくなくとも，両者の問答が見えにくくなり，自分とは関係のないものとして，その問答を聞くことになる。

　だからその発言する子どもから，なるべく遠い位置へ，そして二人の問答を交わす空間の中に，なるべく多くの子どもをかかえこむ位置へ（中略）問答しながら自然に移動していくようにするのである。
（中略）
　そうすると，子どもの発言も，遠い教師に向かって，大きな声で答えようとするようになるし，また，そううながすこともできるし，教師の発問や，説明もまた，一人の子どもに向かってでなく，クラス全体へ向けて行うように，自然になるのである（下線は引用者）。

前述したように，低く，弱い声でしか発言できない，自信なくつぶやくようにしか発言できない子どもには接近し耳をかた向けた上で，大西（1987，47-49）は，次のようにすると述べています。

　その場合には教師は，発言する子どもへ四分，クラス全体の子どもの方へ六分の，つまり四分六の構えにからだを開いて，その子の方ばかりへからだを向けきってしまわないようにするのである。
　ときには，「なるほど」「いい意見だ。もう一度，くりかえしてみんなに言ってみてごらん」……というふうに，すぐれた意見の場合や，肯定的な評価を加えた場合には，発言者の方へは，背でこたえて，顔はむしろみんなの方へ向けて聞いてやってもいいのである。もっとも，「そうかな？」「うん，それはちょっとおかしいところがある」という風な否定的評価を加える場合は，その子の方へ，顔を向け，からだは，他の子どもの方へ向けるという芸当をしなくてはならならないのである。
　なぜ一人の子どもを評価するときに，このようなからだの動きを私がとるのか。
　まず，肯定的評価のときも，否定的評価のときもからだをクラス全体の子どもの方へむけるのはどうしてか。
　それは，評価を一人の個人のものにとどめないためである。評価する子どもの方にだけからだを向けてしまうと，他の生徒には関係ないことになってしまう。すぐれた発言もまちがった発言も，みんなのものにすることこそ重要である。（中略）
　では，肯定的評価のときは，顔をみんなの方に向けるのに，否定的評価のときには，なぜ評価する子どもの方を見るのか。

それは，肯定するときにはどんなかたちをとっても，子どもをきずつけないが，否定するときは，ていねいにやらないと，子どもに受け入れられないからである。

発言を聞く際の教師の立ち位置と次の展開

　筆者も，現場にいた時，同様な考えから，大西がしていたことを行っていました。大西の主張点を前提とした上で，大西の言説に若干の付加をしたいと思います。私が大西のような立ち位置をとっていたのは，大西の主張に加え，発言を聞いている子どもたちの表情から，授業への集中度と発言への理解度を読み取り，次からの展開につなげるためでもありました。

　発言している子どもを捉えることも当然大切ですが，発言を聞いている子どもたちをさぐる方が，むしろ大切なのです。発言している子どもの意見を理解していない子どもがいたら，発言している子どもに再度発言を求めます。それでも，理解ができそうにもなかったら，場合によっては，教師が発言している子どもの意をくんで分かりやすく言い直すこともしました。

　発言を聞いておらず，授業に参加できていない子どもがいたと感じた場合は，誰が聞いていなかったとは言わずに，「今，友達の意見を聞いていない者〇人います。悪いけど，もう一度，意見を言ってあげてください。」と再度，発言している子どもに発言を求めます。または，発言を聞いておらず，授業に参加できていない子どもを注意するのでなく，その子どもの近くで集中して聴いている子どもを取り上げ，「〇〇さんの聞き方は素晴らしい」と簡潔に評価して，集中度の足らない子どもにそれとなく自覚を促しました。それでも，発言を聞かないことが続いた場合は，名指しで注意します。ただし，そのようなことは，幸いあまりありませんでした。逆に，大変集中して聴いている子どもがいた場合は，クラスの実態に合わせて（どの程度で評価するか否かは，クラスの子どもがどの程度鍛えられているかによります。鍛えている途上は，努めて賞賛します。），「〇〇さんの聞き方は〇〇で素晴らしい。」と賞賛します。他の人の発言を聞かないというのは，授業を皆でつくっていくという姿勢に欠けることですから，許すことはできません。そこで，様々な手を使って，指導するのです。

　この他に，発言を聴いている子どもの表情から，疑問を持った子，反対意見がありそうな子，質問がありそうな子，賛成している子を把握し，次からの展開を考えました。例えば，話し合いが澱んでしまい停滞している時，子どもの考えが固定化して安定してしまい，話し合いの進展が難しいと思われる時，話し合いは出来ているが，より活発に，よりユニークな考えを引き出したい時等は，疑問を持った子，反対意見がある子等を意図的に指名します。意図的指名をし，発言をさせることで，別の観点からの話し合いが行われたりして，より深まって進展していくことがあるからです。

話し合いでの意見を聞く順番

　さて，話し合いで意見が対立し，多数派と少数派になった場合，授業者はどちらから意見を求めたら良いでしょうか。
　下記に自分の考えを書いてみましょう。
　・多数派から聞く　　　　・少数派から聞く　←思う方に○で囲む

　なぜなら，

　これは，少数派から聞いていくのが原則です。なぜなら，少数と言うだけで心細い思いを少数派の子どもはしています。そんな中で，多数派から聞いてしまえば，さらに心細くなり，言いにくくなってしまいます。だから，少数派から聞いていくのです。しかし，これも原則です。少数とはいえクラスにおける発言力のある子どもたちが少数派に固まっていたとしたら，この場合は，多数派から聞いていくのがよいのかもしれません。

小学校の低学年の時は，盛んに挙手をする子どもも，学年が上がってくるとだんだん手を挙げなくなります。その大きな原因は，間違うことを恐れることにあるのでしょう。先ほどの少数派から聞いていく原則も，それだからこそ原則になるのでしょう。「聞くは一時の恥，聞かぬは一生の恥」は，知らないことを人に聞くのは，その時は恥ずかしいと思っても，聞かなければ一生知らぬまま過ごすことになるので，そのほうが恥ずかしいという意味です。しかし，知らないから学校で学ぶわけですから，聞くことを一時でも恥とするこの言葉はいただけません。筆者は，「聞くは一時の勇気，聞かぬは一生の恥」と言い換えた方がよい気がします。いずれにしても，学校では間違えることは悪いことではない，間違えを直さない方が悪いと言うことを，子どもたちに分からせたいです。

あやまち

ブッシュ孝子

あやまちは誰でもする
強い人も弱い人も
えらい人もおろかな人も。

あやまちは人間を決めない
あやまちのあとが人間をきめる。

あやまちの重さを自分の肩に背負うか
あやまちからのがれて，またあやまちをおかすか。

あやまちは人間を決めない
あやまちのあとが人間をきめる。

大西忠治（1987）『授業づくり上達法』民衆社
尾木直樹(1988)『中学校の授業づくり－思想と技術－』日本書籍

第XI講　板書の仕方は？

板書の機能

　板書は，なぜするのでしょうか。板書の役割を下記に書き出してみましょう。

```
┌                                                      ┐




└                                                      ┘
```

　優れた板書には，次のような機能があることが考えられます。
① 授業の流れが分かる。
② 学習の見通しを持たせせられる。
③ 板書によって，1時間の授業の復習ができる。
④ 子どもの授業への参加意欲を高める。
⑤ 子どもの考えを整理させる。
⑥ 子どもの考えを深めさせる。
⑦ 本時の学習のポイントを子どもに捉えさせられる。

板書の留意事項

　先に見た板書の役割が十二分に発揮されるように板書を心がけたいものです。
　板書機能①〜③より，優れた板書は，1時間の授業が終わった際，どのように授業が展開されたかが分かるものとなります。板書は，1時間の授業の

軌跡なのです。社会科は多くの場合は，左から右に，導入→展開→終末（終結）という学習の過程が分かるように構成します。①の授業の流れが分かれば，学習の見通しを持てます。このように時系列に構成され，しかも④〜⑥の機能が満たされていれば，③のように，1時間の授業の復習が可能となります。また，記号等を適宜活用して板書すれば，①や⑤についても効果があります。その実際は，後述する「板書への子どもの参加」の板書例を参照下さい。

　AかBかで討論する授業では，黒板を三分割し，上側に討論の題目（この場合は本時の課題となる）を板書し，中央部を大きくとって，左側をAの子どもの意見の板書する部分，右側をBの子どもの意見を板書する部分，下部は討論後の結末を板書する部分として板書構成していけば，対立点も明確になり，結末も明確に位置づけられ，⑤のように考えを整理がしやすく，かつ，⑥の子どもの考えを深めやすくなります。

　④については，子どもたちの考え方が黒板に位置づけられた板書が求められます。その際は，ネームカードを活用するとよいでしょう。また，黒板を子どもとともに構成していくことで，子どもの学習意欲は高まります。このことについては，「板書への子どもの参加」で詳述します。さらに，学習当初の子どもの考えを板書して残し，終末での子どもの考えと比較させれば，学習の深まりが感じられ，学習への参加意欲も高まります。

　⑦については，本時の問題（課題）は必ず板書するか，「はりもの」にして提示するとともに，「中心資料を黒板に掲示しておくことで，その時間の学習のポイントをはっきりさせる」（佐藤2006，129）ことができます。

　なお，黒板最下部付近は，板書しません。そのあたりは，教室の最後尾からは見づらいからです。試しに，最後尾に座ってみて，少しかがんで子どもの目線の高さで確認をすると良いでしょう。板書時の教師の向きは，既に教師の立ち位置で述べました。とにかく，その立ち位置で字を書く訓練が必要となります。その際の字の大きさは，手のこぶし大の大きさがよいとよく言われます。千葉(2016，86)は，「低学年(10〜15㎝四方)　中学年(8〜10㎝四方)　高学年(6〜8㎝四方)」としています。

色チョークの活用

　板書では，色チョークを効果的に活用し，板書の効果を高めることがよく
言われます。佐藤(2006, 131)は，「その時間の学習問題は，赤い線で囲む」，
「全員が覚えてほしい重要語句は，赤で書く」，「意見や考えは白いチョー
クで書くが，特に大事な意見は赤で下線を引く」，「その時間の結論は，黄
色いチョークで書く」としています。長谷川(2008, 72)も，白は事実，黄色
は注意してほしい事実や子どもの重要な意見，青は問題を囲む，赤は覚えて
ほしい概念やキーワード，問題の答えに下線を引く，としています。どの色
がどんな役目を果たすのかは決まりがあるわけでありません。授業者各自で
決めればいいのです。大切なことは，教師が考えた色チョークの決まりを子
どもに示し，「チョークの使い方をくり返すことによって，子どもがチョー
クのもつ意味を理解できるようにしておくこと」(佐藤2006, 131)です。
　ところで，色チョークの活用では，考えなくてはいけないことがあります。
さて，何でしょうか。下記の自分の考えを書き出しましょう。

$$\Big[\qquad\qquad\qquad\qquad\qquad\qquad\qquad \Big]$$

　色チョークの活用では，考えなくてはいけないことは何か問いました。そ
れは，色覚特性の子どもにも配慮することです。

色覚特性の子どもにも配慮

　さて，色チョーク活用では，およそ 男子の5%，女子の0.2%と言われる
色覚特性をもった子どものことを考慮したいです。教師は，医者，学者，易
者，役者，芸者といった役割が必要と言われ，それを「教師の5者」と言っ

ています。板書の色チョーク活用は，教師の医者の役割から考えなければいけないことです。ここでは，板書に限らず，色覚特性をもった子どものことも考えた授業づくりについて考えみたいと思います。

　文部科学省は，2003 年に策定した「色覚に関する指導資料」（www. pref. osaka. lg. jp/attach/2470/00004402/sikikaku. pdf，2020/07/09）では，「学習指導において，色の判別を要する表示や教材を用いる場合には，誰でも識別しやすい配色で構成し，色以外の情報も加える工夫が必要です。」としています。これは，板書だけでなく，子どもに提示したり配布する資料についても同様です。

　板書では，「黒板は明るさが均一になるような照明工夫します」とし，「黒板に直射日光が当たったり，蛍光灯の光が直接反射して見えにくいことのないように工夫します。」とされています。これは，色覚特性の子どもの配慮ということに限らず，授業をする際は当然心がけるべくことでしょう。「黒板は常にきれいな状態に保ちます」とし，「板書を消すときはよく消し，チョークの粉で汚れたりして見えにくいことのないようにします。」とされています。これも，色覚特性の子どもの配慮というよりも，授業の際に当然心がけなければいけないことでしょう。次に，「白と黄のチョークを主体に使います」とし，「黒板上に赤，緑，青，茶色などの暗い色のチョークを使用すると，見えにくいため，避けるようにします。」とされています。そして，「あえて白と黄以外の色チョークを使用する場合には，アンダーラインや囲みをつけるなどの色以外の情報を加えます」として，「色チョークを使用する場合は，太めの文字や線で，大きく，はっきり書き，色名を伝え，白チョークでアンダーラインや囲みをつけたり，色分けをした区域には境界線をはっきり示し，文字や記号を併記するなどの配慮をします。」とされています。

　社会科と関わる掲示物・スライド・OHP・コンピュータのことについては，「グラフ・図表は，なるべく少ない種類の色で構成し，形，大きさ，模様，明暗などの色以外の情報を加えます。」とし，「グラフ等で色を用いる場合，文字，記号などを併記するとともに，境界をはっきりさせます。」とされています。地図では，「地図に使用されている色分けは言葉で説明します」とし，「地図では，さまざまな情報が色で表現されています。色覚異常の児童生徒には，その情報を読みとりにくい場合があることを理解しておきます。

白地図を色鉛筆で彩色する作業も難しいことがあるかもしれません。また，指示通りに塗り分けても，本人にはかえって見づらいものになることもあります。この場合，色の指定は行わずに，本人の意思で色を分けるような指導を行うなどの柔軟な対応が必要です。また，斜線などの色以外の情報を加えることも必要です。」とされています。

日本学校保健会の『学校における色覚に関する資料』（平成 28 年３月初版）では，先の「色覚に関する指導資料」で述べられていたことに加え，以下のことが奨励されています。

・地図に使用されている色分けは言葉で説明しましょう。

平野は緑，山は茶色，海は青であること，高度，深度により濃淡があることなどを，言葉で説明しましょう。掛け図などを利用して，位置などを示しながら確認することも大切です。

白地図を色鉛筆で塗り分ける作業，地形図や空中写真などの微妙な色の見分けも難しいことがありますので,配慮しましょう(https://www. gakkohoken. jp/book/ebook/ebook_H270050/H270050. pdf，2020/07/08)。

さて，「白と黄色のチョーク」使用だけではなく，他の色チョークの活用も捨て難く活用したいならば，色蛍光チョークや色覚チョーク（白／朱赤／黄／青／緑）の使用が考えられます。そうすれば，多くの子どもが従来のチョークよりも黒板の文字が見やすくなると思われます。いずれにしろ，色分けだけ考えるのでなく，丸で囲む，大きく書く，下線を引くなどの工夫をしたいです。下線も，一重線で足りそうになかったら，二重線や波線など多彩にして目立たせ方を考えてみてもよいでしょう。これらの工夫をすることは，後述する「はりもの」を作成する際も同じです。「はりもの」ならば，斜体やフォントの種類の変更等も有効に活用できます。

板書への子どもの参加

板書は教師だけが行うものではありません。授業は子どもと教師とで創るという姿勢を示すためにも，子どもにも板書をさせたいものです。希に，子どもに全て板書をさせている授業を見かけます。かっこよさそうだからと，見た目だけをまねしてはいけません。子どもに全ての板書をさせることは，

力のある教師がそこまで子どもを育てあげた上でのものなのです。安易にまねをすれば失敗します。「子どもにも板書を」は，確かに大切です。しかし，あくまで教師が板書するのが基本であることを忘れたくないものです。

　「子どもにも板書を」と考えるならば，まずは，教師の問いかけへの子どものこたえを，子ども自身に板書させることから始めてみましょう。これなら，教師がどの場所に書くのかをあらかじめ指定して，子どもを前に出させて板書させればよいので，比較的実践しやすいでしょう。ただし，若干配慮が必要になります。まず，書く字の大きさです。板書させれば，必ず小さな字で書く子が出てきます。そこで，まだ板書することに慣れていない場合は，子どもに書かせたい大きさで「このくらいの大きさの字で書こう」と板書して，書く字の大きさを示すとよいでしょう。

　さて，教師の問いかけへの子どものこたえを，例えば，一斉に 10 人ほど前に出させて板書させる際，どのようなことに気をつければよいでしょうか。社会科の場合は，ほとんど横書きです。しかし，一斉に前に出させて子どもに板書させる場合は，縦書きに書かせることが原則となります。なぜでしょう。その理由を下記に考えて書き出してみましょう。

　一斉に子どもに板書させる際，社会科授業でも縦書きに書かせるように，計画的な営みである学校教育での教師の一つ一つの行為は，それなりの理由があるはずです。何も理由なく，行き当たりばったりだったなら，それは計画的な営みとは言えません。

　さて，子どもに全て板書させるとまではいきませんが，ある程度子ども中心の板書となり，多くの教員が実践可能なものがあります。それは，ＫＪ法を活用した板書です。まず，子どもに，学習課題に対するこたえを思いつくまま可能な限りカードに書き出させます。最初は，まず質より量です。ふざ

けたものでない限り，如何に稚拙なこたえでも認めて受容し，黒板に貼ります。とにかく，子どものこたえが書かれたカードが多くなることに努めるのです。カードには，自分の考えたこたえを書くとともに，氏名も書きます。これは，各自のこたえに責任を持たせるとともに，何より自分の氏名が書かれたカードが貼られることで認めることにもなるからです。カードを書き終えた子どもから，カードを黒板に貼らせていきます。これを見て，踏ん切りがつかずになかなか書き出せなかった子どもも，焦り出します。なかなか書き出せないでいる子どもたちに踏ん切りを迫らせるのです。カードを一通り貼り終えたら，カードの分類わけをします。まず，同じものは重ねます。その際，重ねる原則があります。皆さんなら，同じものをどのように重ねていきますか。まず，字が汚くて読み難いカードは，下にもっていきます。そして，日頃発言をしない子どものカードを最上位にもっていきます。さらに，一人でも多くの子どものカードが貼られるように，既に貼られている子のカードは貼らず，未だ貼られていない子どものカードを貼っていきます。同じものは近くに置き，違うものは遠くに離しておきます。この作業は，子どもと相談しながらやります。一通り，分類わけができたなら，まとまったカード群ごとに，タイトルをつけていきます。最後は，まとまったカード間の関係を考え，関係づけをします。例えば，次頁の「ぼく・私の江戸幕府長生き作戦」の図のように，反対関係なら，カード間を←→で結ぶのです。この学習に慣れてくれば，分類作業から最後の関係づけまで，子ども達だけの力でほぼやりきることができるようになります。

　この他，板書への子どもの参加の手立てに，小黒板の活用があります。マグネット式の小黒板を班に1枚用意し，班で話し合いをし，その成果を黒板に貼りだして，発表させていく授業が考えられます。当然，小黒板を貼る位置や教師の板書との構成等を考えて，授業に臨むことになります。

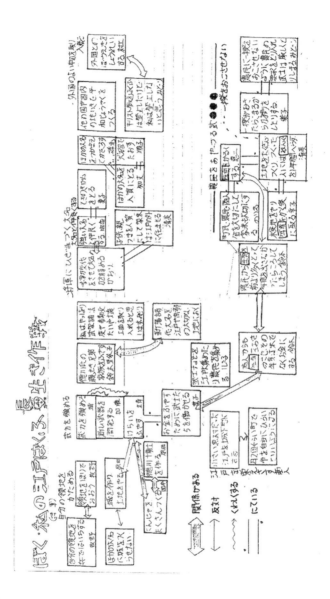

（伊藤 1997）

「はりもの」の活用

　「はりもの」を嫌う人がいます。子どもの意見を受け，待ってたとばかりに「はりもの」を貼る様を見ると，教師の誘導と思うのでしょう。「はりもの」が使える授業は，授業者が考えた枠内でしか物事を考えられない子どもを育てていると言えなくもありません。難しいですが，「はりもの」が使えなくなる授業こそ，めざしたい授業です。だが，板書によって授業が中断されず時間短縮にもなり，授業展開がスムースになることを考えれば，「はりもの」を使わない手はないでしょう。さらに，板書内移動も可能で，板書構成が変更でき，授業展開にバリエーションを生みます。大切なのは，「はりもの」を作っても，子どもの出によって授業展開が変わり，活用しないこともあるという柔軟な構えでいることです。作ったかぎりは「はりもの」を絶対使うと，考えた展開に何が何でも引き込もうとしないことです。

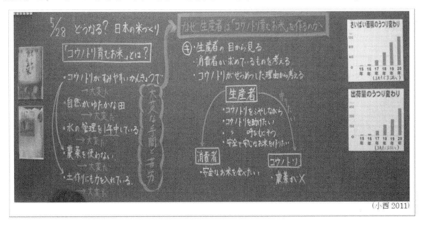

（小西 2011）

その他の板書の効用

　第Ⅴ講で「説明」について触れました。どんなことだったか忘れた人は，今一度読み返してください。さて，説明をする際，板書が効果を発揮します。大切なことは，口頭で説明するだけでなく，事前に板書することです。特に，「方法提示」では，必ず事前にポイントを板書してから，説明していくとよいでしよう。子どもの理解が進み，説明したことが定着します。長い説明を

する必要がある時は，板書も多くなりそうです。そんな場合は，キーワードだけの板書にして，説明していくと良いでしょう。

　上條(2007)では，注意をする際の板書メッセージの工夫が述べられています。上條(2007，67)は，次のように言います。

　　注意という指導法の一番の欠点は話が長くなることです。
　　注意の言葉は教師にとって納得のいかないこと，子どもたちに対しての願いなどがベースにあります。少し感情的になります。ついつい話が長くなってしまいます。
　　長くなるだけならばともかく，話がそれたりします。
　　しかし黒板に短くキーワードを書いておけばポイントがずれるということがなくなります。この効果は絶大です。

　注意の他に筆者が行った「板書メッセージ」は，次のような時でした。子どもたちが一心不乱に作業をしています。追加の指示が必要な時や，「空白禁止の原則」に則って作業が早く終わりそうな子どもへの指示が必要な時，声に出して指示すれば，その場の真剣な雰囲気が壊れそうです。そこで，「板書メッセージ」をしました。子どもは，熱心に作業に取り組んでいる時も，教師の動きには敏感です。無言で「板書メッセージ」を読み，読み終われば再び作業に取り組んで行きます。「板書メッセージ」による無言の指示は，真剣な雰囲気を壊さずに指示ができ，効果的です。

伊藤裕康(1997)『学ぶよろこびに迫る社会科授業づくりと教員の力量形成』渓水社
上條晴夫(2007)『図解　よくわかる授業上達法』学陽書房
釼持勉編・佐藤正志著(2006)『「教師力」を育成する社会科授業入門』明治図書
小西寛（2011）「私たちの生活と食料生産－日本の米の秘密を探る－」伊藤裕康・田中健二・日詰裕雄・高倉良一・松本康・山下隆章編『社会への扉を拓く―あなたとつくる生活科・社会科・総合の物語―』美巧社，127－130
千葉昇(2016)「板書什則 ― 板書の基本と可能性 ―」初等教育論集第17号，80―90
長谷川康男(2008)『小学校社会科　授業づくりと基礎スキル』東洋館出版社

第XII講　机間指導等の仕方は？

机間指導？机間巡視？

　机間指導は，少し前までは机間巡視と言っていました。この両者を分ける場合は，机間巡視を，多くの子の机の回りをめぐって「広く状況や実態を調査する行為」とし，机間指導を，机の回りをめぐって「個別に指導する行為」としているようです。しかも，両者を分ける人は，机間巡視を一段低い行為と捉えているようです。しかしながら，両者を区別する人もいますし，区別しない人もいて，定まっていません。社会科教育を研究・実践する筆者の立場から言えば，区別する必要性は感じません。また，机間巡視という言葉から机間指導より一段低い教師の行為と捉えられがちですが，「広く状況や実態を調査する行為」は，特に子どもを捉えて授業をしていかなくてはならない社会科授業では低い行為とは思えません。両者を併せて「机間指導」と言えばよいと思っています。「机間指導」は，個人で考えるような場面やグループで考える場面などで主に実施します。「机間指導」は子どもをさぐる良い機会ですし，個別指導をするチャンスでもあります。

　「机間指導」のキーワードとして「みる」を挙げる人がいます(https://papasensei.hatenablog.com/entry/walk-around-the-class, 2020/07/23)。4つの「みる」から「机間指導」を整理することは，大変有効とは思いますが，若干の修正が必要と思いました。そこで，記述されていることを筆者なりに図化し，修正・補足を加えたものが，図XII−1の4つの「みる」です。図の〈　〉と ◆▶ は，筆者が加えたものです。〈　〉は補足，◆▶ は不即不離の関係を表しています。

　あえて4つの「みる」を二つに分類するなら，①と②が机間巡視であり，③と④が机間指導となります。①と②がクラス全体に関わることであり，③と④が個々の子どもに応じたことになります。したがって，①の見るにおける付加した◆活動の活発具合把握と◆活動の進行具合の把握は，③の観るの◆活動の活発具合把握と◆活動の進行具合の把握とでは，表現は同じでも似て異なるものです。①の◆活動の活発具合把握と◆活動の進行具合の把握は，

クラス全体を把握して，以後の授業展開を組み立てるための知見を得るものです。③の◆活動の活発具合把握と◆活動の進行具合の把握は，個々の子どもを把握して，「個に応じた指導」をするものです。

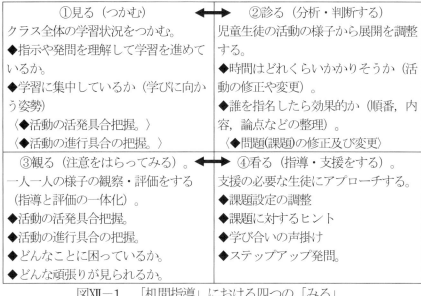

①見る（つかむ）　⟷　②診る（分析・判断する）	
①見る（つかむ） クラス全体の学習状況をつかむ。 ◆指示や発問を理解して学習を進めているか。 ◆学習に集中しているか（学びに向かう姿勢） 〈◆活動の活発具合把握。〉 〈◆活動の進行具合の把握。〉	②診る（分析・判断する） 児童生徒の活動の様子から展開を調整する。 ◆時間はどれくらいかかりそうか（活動の修正や変更）。 ◆誰を指名したら効果的か（順番，内容，論点などの整理）。 〈◆問題(課題)の修正及び変更〉
③観る（注意をはらってみる）。 一人一人の様子の観察・評価をする（指導と評価の一体化）。 ◆活動の活発具合把握。 ◆活動の進行具合の把握。 ◆どんなことに困っているか。 ◆どんな頑張りが見られるか。	④看る（指導・支援をする）。 支援の必要な生徒にアプローチする。 ◆課題設定の調整 ◆課題に対するヒント ◆学び合いの声掛け ◆ステップアップ発問。

図XII－1　「机間指導」における四つの「みる」

　①の「見る」は，クラス全体を俯瞰して見ることです。特に，子どもたちが指示や発問を理解して学習を進めているかどうか確認することは，「机間指導」の早期に行うべきことです。もし，指示が通っていない，発問が理解されていないと判断したならば，全員の手をいったん止め，再度指示や発問をし直す必要があります。指示や発問のし直しは，早ければ早いほどよいですから，早期にすべき「机間指導」になるわけです。また，クラス全体が学習に集中していない場合，そのまま授業を続けてしまえば，実のある授業にはなりません。学習に集中していないことに早く気づいて，手立てをとらなければいけません。これも早期にすべき「机間指導」になるわけです。また，付加した「子どもの学習進度の把握」や「子どもの学習活動の活発具合の把握」も，①の「見る」では必要です。多くの子どもが考えにつまっていれば，課題が子どもの実態に合っていないのかもしれません。そうであるならば，

それなりの手立てをしないといけません。これも，早期に行うべき「机間指導」となります。

　②の「診る」は，話し合いが大切となる社会科では，特に重要になります。机間巡視して，個々の子どもたちの考えを捉え，今後の話し合いの展開を考えます。例えば，次のようなことを考えます。この後の話し合いでは，最初に指名をするのは誰にするか。話し合いの対立点があり，しかもそこそこ意見が割れているから，指名なしの話し合いでも可能ではないのか。話し合いの質を高められる良い意見を持つ子たちがいるが，どのようにすれば，効果的な話し合いになるか等といったことです。その際，③の観る観点とも関わることですが，発表させたい意見が書かれた箇所に下線を引き，短く「good！」等と記入する，大きく二重丸や花丸をする等の朱書きをします。事前に，朱書きされた箇所は，「素晴らしい意見なので発表しよう」という学習のルールを決めておくのです。朱書きしても，発表に消極的な子どもであったり，子どもが発表に逡巡していそうならば，その子と対話しながらその意見をより明確にさせた上で，発表するよう励まします。

　以上のことから，①と②の机間巡視により，授業が再構成されること，特に次からの話し合いのデザインがなされることが分かるでしょう。「机間指導」は，教師が「授業展開の戦略を立てる」場なのです。したがって，机間巡視が机間指導より一段低いものとは言えないことが理解できるはずです。

　③の観るにより，一斉指導では難しいことである個々を励ますことが可能となります。「机間指導」の中で，「いいね」とか，「ここまでよくがんばったね」とか，声がけしたり，先ほど述べたようにノートに丸つけをしたりすると，子どもの意欲は高まります。その他，子どもからの質問に答えたりもします。場合によっては，できてしまったと思っている子どもの考えに揺さぶりをかける問いかけをしたり，早く終わってしまった子には学習を深める指示を与えたりもします。これは，「空白禁止の原則」の活用ですね。さらに，「机間指導」の中で，教師が言いたかったのだが発言を控えていたことや，他の子どもにも知らせたいと思うこと，参考になる意見があったら，全体に紹介し，学びの理解や質的向上を図ります。これは，「間接性の原理」を活用した考えを深めさせる指導です。

以前，「授業は子どもをさぐる場である。」という長岡の言葉を紹介しました。授業をしながら子どもの状態をさぐるのには，「机間指導」は絶好の場なのです。絶えず，子どもの状態をさぐって子どもの学びを評価し，授業への集中を生むのです。これは，指導と評価の一体化を行うことです。このように，「個に応じた指導」を行っていきます。

　④の看るでは，つまずきに対する助言，考えなどがまとまらず困っている子どもへの助言などをします。考えはあるのだが，どう表現してよいか分からない子どもには，子どもと問答していきながら，子どもの考えをより明確にさせていき，まとまってきたら，「それを書いてごらん。」と，背中を押すのです。「◆課題設定の調整」と「◆ステップアップ発問」については，一切説明がありませんでしたので，筆者なりに考えてみました。恐らく，「◆課題設定の調整」は，①の見るでも述べたように，取り組んでいる課題が子どもに会わない場合，個々の子どもに合うような課題にカスタマイズするようなことではないでしょうか。「◆ステップアップ発問」は，子どもの実態に合わせて少しずつ発問の質を上げていくことではないかと思います。ただし，これは，社会科ではあまりみられないことで，算数等の他教科にはよく当てはまることでしょう。社会科であるとすれば，先ほど述べたように，できてしまったと思う子どもへの揺さぶりをかける問いかけや，早く終わってしまった子への学習を深める指示でしょう。「◆学び合いの声掛け」は，社会科では大切です。一人で考えていても，なかなか考えがまとまらない場合は，前後左右で話し合うように指示を出すべきです。その場合，あくまでも個々の考えをふとらせることが主眼です。友だちにもたれかかって，考えを深めない子どもが出ないようにしたいです。そのためには，前後左右で話し合った後，話し合いを踏まえて，個々の子どもの考えを書かせることです。

　ところで，「机間指導」では，教師の動線に留意したいです。大西（1987，53－54）は，長年教師をしていると「机間指導」にも一つの型ができてしまうと述べ，次のような型を紹介しています。

　　〈教卓接着型〉教卓から離れて子どもの方へ入っていくのだが，どうしても前から四席目くらいで止まって，また，教卓へかえってしまう。
　　〈時計型〉右まわりにばかり机間を巡視する。

〈鉄砲玉型〉まっすぐ，さあっと入っていって，もときた道をさっさとかえる。

〈駅伝型〉巡視路にいる子どもの机を一つ一つ残さず見てまわる。そのために全員はいつも目をとおすことができない。

〈スポーツ型〉どんどん廻っていくが，それは室内散歩であって，何の指導もしないし，子どもの机も，顔も見ていない。

　〈スポーツ型〉は論外です。最初はしないよりはましですが，そのうち効果はなくなります。最初はしないよりはましというのも，教師が近くに来れば子どもは緊張するものです。多くの子どもは，集中してやらなければとも思うでしょう。「机間指導」は，適度な緊張感をもたらします。これが，まだ述べていなかった「机間指導」の効果です。ただし，「子どもの机も，顔も見ていない」ことに子どもが気づけば，その効果さえなくなります。他の型も，それぞれ問題がありそうです。ポイントは，「机間指導」によって，偏りなく生徒の状況をつかむことができるかです。そのためには，教師は自身の動線に気を配ることが必要です。しかも，大西が指摘したようについてしまった癖は，ついつい出てしまうものです。偏りなく生徒の状況をつかむことができる動線に心がけ，自ずとそれができるようにしていきたいものです。「机間指導」における教師の動線で，よく言われるのが，Ｓ字型を目安にすることです。

　最後に一言。「机間指導」では，第III講で述べました座席表に子どもの実態をメモするとよいでしょう。そして，座席表を集積して，適宜，気になることやおやっと思ったことはカルテに転記していきます。それらが一定程度集積したら，それらの記述を俯瞰して統一的に解釈してみるのです。その試みを続けていけば，教師の子どもを捉える力がつくことでしょう。

教室環境の整備

　教室環境も，学習に影響します。そこで，良好な学習が行われる空間にするために，教室環境の整備も考えたいものです。

座席の配置

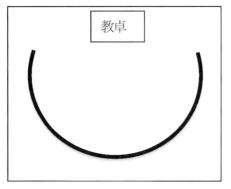

図13－2　U字型の座席配置

社会科では，話し合いが大切です。したがって，子ども同士が顔を見合えるように，座席の配置を考えてみたいものです。

例えば，左の図のように，机をUの字に配置した座席の構成が考えられます。中央にできた広場的空間の活用も考えてみたいです。例えば，全員の子どもから見やすい場であるので，動作化や役割演技をさせたりできます。このようすれば，授業にアクセントをつけることができます。

また，討論が活発になるように，仕組むこともできます。例えば，図の右半分を肯定派，左半分を否定派としてディベートをすることが考えられます。私は，教員をしていたとき，時に自由に席を離れて，おたずねをしたり，意見を話し合わせたりする機会を設けていました。中央にできた広場的空間は，そこそこの広さがありますので，席を離れて意見交換させる場として活用可能です。勿論，このように，席を離れて話し合いをさせるためには，学級経営ができていることが必要です。

さらに，グループ学習が充実するように，変動制のグループ編成も考えてみたいものです。多くの場合，グループ学習等は，生活班を基礎にして実施しています。しかし，単元によっては，仮設が同じ子ども同士でグループを組ませるとか，逆にグループの中に違う仮設の子どもが必ずいるようグループを編成することも考えてみて良いのではないでしょうか。

座席の配置で留意したいのは，どの子どもにも黒板がはっきり見えることです。見づらい場合は，U字型の配置を崩さない程度に少しだけ席をずらし，どの子どもも黒板が見えるようにしていきます。また，視力が弱い子どもには，前方に座席をとるなどの配慮が必要です。黒板が見づらいので，黒板を見ようとしてごそごそしている子どもを，集中力の欠けた子どもと見なして

注意してしまっては，子どもとの関係が崩れかねません。なお，U字型の座席配置をとった場合は，清掃の時に机を移動させますので，床に目立たないように位置が分かる印をつけておくとよいかと思います。

学習を助け，活性化させる掲示とコーナーの設置

　長い単元で授業を展開している時は，今までの単元の展開が分かる物を掲示しておきたいものす。例えば，毎回の最終板書の写真を掲示すると，それまでの学びの履歴が分かり，効果的です。また，子どもたちの授業中の微笑ましい姿や素晴らしい表情，真剣なまなざしで学習に取り組んでいる姿などを写真に撮り，掲示してみてはどうでしょうか。このような授業の雰囲気が分かる子どもの写真の掲示も，その時の授業の様子を想起しやすくなります。

　教室背面に学習の成果物を掲示するコーナーを設けるのも効果的です。例えば，一人一人の子どものファイルを背面黒板にとめておき，成果物ができる度にそのファイルに子どもが挟み込んでいきます。これを続けていけば，子どものポートフォリオが完成します。子どもたちが，休み時間や場合によっては授業中に気になった際は，思い思いにこれらのファイルを見るようにさせれば，学習にも効果的です。

　また，単元に入る前に，その単元の学習で活用可能な図書を集め，教室の一隅にコーナーを設けておきます。関心のある子どもが読んでくれれば，単元開始前から導入的な効果も生まれます。なにより，授業中の調べ学習で役に立つでしょう。さらに，子どもの発達段階にもよりますので，高学年ぐらいからですが，新聞をスクラップして掲示したり，スクラップ帳にして置いておくことも試みたいものです。スクラップは，教師と子どもでしていきます。

大西忠治（1987）『授業づくり上達法』民衆社

第 XIII 講　社会科学習指導案とは？

なぜ，指導案を書くのか？

　先ず，なぜ，指導案を書くのでしょうか。このことを最初に考えてください。下記の左欄に自分なりの考えを書き，左欄に本講を読み終わった後で付け加えをしてみましょう。

「教案」と「学習指導案」

　「学習指導案」と似た言葉として，「教案」があります。「学習指導案」の方が使用され，聞き慣れてはいますが，「教案」も使われないことはありません。時に見かけます。さて，どう違うのでしょうか。「学習指導案」は，「学習」と「指導」と「案」から構成されています。学習するのは，子どもです。指導するのは，教師です。これは，授業は，学習者である子どもと指導者である教師との相互作用であることを示しています。また，学習と指導との相互作用の過程が授業であるとも言えます。そして，その過程のプランが「学習指導案」となります。一方，「教案」は，元来は「教授案」の略です。そうすると，教えさずける案となります。これは，教師の教えるプランが「教案」であるということです。

　では，「学習指導案」と「教案」，どちらが先に登場したのでしょう。有田(1992, 8)によれば，明治時代から大正時代にかけて「教授案」と書いていたようです。佐長(2010, 17)は，明治44年の「教案」を見ると，今日の学習指導案の形式に類似したものであり，「教案」とは呼ぶものの，学習指導案の起源が認められるとしています。もっとも，佐長が見たという「教案」は，実際には「尋常科第5学年歴史科教授案」であり，「教案」と省略されていない「教授案」ではありましたが。

　この教え授ける案である「教案」が，「指導案」に変化したのは，有田(1992, 8)によれば，大正時代でした。なぜ，大正時代なのでしょう。日本史を学んだ人は，大正時代には大正デモクラシーがあったことは覚えているでしょう。この時代は，戦前期において比較的自由な雰囲気があった時代でした。大正自由教育という言葉も知っている人がいるでしょう。このような大正時代の児童中心主義の考えが広がり，教師が教えさずける案であった「教授案」から「指導案」に変化していきました。大正後期には，先人的な教師は「学習指導案」を使っていたようです。

　「学習指導案」が一般的に使われるようになったのは，有田(1992, 8)によれば，昭和21年以後だそうです。ちなみに，筆者なりに調べてみたところ，手元にある国民科時代の後藤(1940)では，「第十三章　地理科学習指導案の書き方」の中で，「二　学習指導案であるか教授案であるかの問題」とあることから，戦前には既に，学習指導案であるか教授案であるかで割れていたことが推察されます。戦後の初期社会科時代の倉沢(1946)では，「学習指導案」とあり，その形式も現在のものに通じるものがありますが，現在の本時案中心のものでなく，「単元案」と言うべきものでした。これは，教師が独自に単元を開発していた初期社会科時代の時代性を表しているでしょう。斑目文雄(1952, 96)では，「学習指導案の様式は，必ずしも一様ではない。名称すら教案，学習指導案などまちまちに行われている。」と述べられ，学習指導案の様式が示されていますが，現在のものと大差はありません。以上のことから，戦後は「学習指導案」が一般化したと考えてもよいと思われます。

　「教案」と呼ばれた教師のための授業設計案は，学習の主役である子どもを軸にした学習構成へと変わるとともに「学習指導案」へとなりました。「教

案」から「学習指導案」という変化から，どのような授業を指向すべきだと考えますか，下の括弧に考えを書いてください。

[

]

学習指導案という言葉

さらに，「学習指導案」という言葉を考えてみましょう。この言葉は，「学習」と「指導」と「案」に分かれます。

まずは「学習」の「学」からです。この字の旧字は「學」です。學は，爻（コウ）・臼（キョク）・冖（ベキ）・子からなります。白川(1984, 110)によれば，この字の初めは，後の爻と冖に相当する部分で構成され，元来は屋上に千木のある建物の形でメンズハウスを意味したそうです。両手を示す臼，そこに入る子弟を示す子は後に加えられた要素だそうです。また，次のようなことも言われています(https://okjiten.jp/kanji168.html, 2020/07/17)。

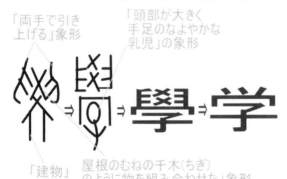

「學」は，会意兼形声文字です(臼+冖+爻)。「両手で引き上げる」象形と「建物」の象形と「屋根の棟（むね）の千木（ちぎ–屋根の1番高い所に取り付けられた木）のように物を組み合わせた」象形（「交わる」の意味）から，教える者が学ぶ者を向上させる交わる場である建物「がっこう」を意味する「学」という漢字が成り立ちました。

　これらのことから，學は，今の学校とは様相が相当異なりますが，学校を表していると捉えられるようです。

　一方，次のような捉えもあります（https://ameblo.jp/happy2525tkg/entry-11337886003.html，2020/07/17）。

　学を古代文字（金文）で書くと，右のようになります。左上と右上のフォークのような形は，左手と右手を表しています。真ん中の♯のような形は，爻は「カフ」という音を表して読まれていましたが，現代は「ガク」とよまれるようになりました。意味は，「マネをする」という意味です。子は，昔，男の子を表していたそうです。学とは，屋根のある建物の中で手取り足取り教わり，五感をフルに使ってマネをすることだったそうです。

　さらに，白石崇人は，次のように述べています（https://blog.goo.ne.jp/sirtakky4170/e/c62ce03d5448011d4f1101d8aeeeb23b，2020/07/17）。

　「學」の漢字は，（中略）「コウ（例の×が２つ上下に重なった字）」が「キク」という字にはさまれて「ヤネ（ウ冠のような字）」の上にのっている部分と，「子」の部分から成る漢字です。「コウ」は交差・交流などの意を表し，「キク」は両方（２人？）の手，「ヤネ」は屋根のある家を表します。子（弟子）が師に向き合って交流し，知識などを伝授される様を表す漢字です。師と弟子との間における知識等の伝授は，まずは師による行為としてあらわれます。続いて，「コウ」の字があることからわかるように，弟子による授けられた知識等を受け取る行為も意味しています。すなわち，「學」の字は，師弟が向き合い，師が知識等を授け，弟子がそれを受取ることを意味しているのです。

　「まなぶ」という日本語は，「マネブ」「マ・ナラフ」という語が転じたものと言われています。「マネブ」は「真似ぶ」「真（誠）擬ぶ」であり，マコトたる真理と誠実とについて，正しい手本をまねることです。「マ・ナラフ」は「真（誠）習ふ」であり，真理と誠実とについて習うことです。「まなぶ」という日本語には，真理（すなわち深い知識）と誠実（すなわち道徳）について，正しい手本からまね，習うことという意味があるのです。

さて，「習」ですが，有田(1992, 9)は，次のようなことを言っています。「習」という字は，羽＋白になります。羽とありますから，鳥と関係していそうです。では，鳥の羽が白いとはどういうことでしょうか。白鳥でしょうか，いや，そういうことではなさそうです。どんな鳥でも羽が白い時があります。それは……，そう，雛鳥の時です。有田は，「小鳥が飛びたつ準備運動として，巣の中で羽根をバタバタさせる。すると，羽根の下から白いうぶ毛がみえる。だから，習の字は，小鳥が自らの力で何とかとび立とうとしている姿を表している。」と述べています。

　氏の言説が正しいのか確かめましたが，確たることは分かりませんでした。違っている可能性があります。しかしながら，字義は違っていたとしても，「習」の字を，有田のように読み解く意味はあると思います。たとえ有田の読み解きが間違いであっても，そのように捉え直すことで，私が，次のようなことが言えるようになると思うからです。ここから先は，有田も述べていない，私なりの金八先生風の解釈と思ってください。もし，雛鳥が，巣立ちができなかったらどうなるでしょうか。餌はとれず，外敵から逃げることもできず，いずれ死ぬしかありません。飛べない鳥は鳥として失格なのです(ペンギンは飛べませんが，水の中を飛翔します。)。鳥にとって，飛べることは生き死に係わることなのです。飛べることは，鳥にとって「生きる力」そのものなのです。その「生きる力」をつけることが「習う」ことなのです。しかも，鳥は巣立ちにあたって，「自ら」「習う」わけです。誰かに言われて，しぶしぶやるわけではありません。鳥にとっては，決して強いて勉める「勉強」ではないのです。こう考えると，「習」という字から，何度でも飛べるまで(「生きる力」をつけるまで)，自ら主体的に繰り返し行うという様が浮かび上がってきませんか。

　次は，「指導」です。「指」から，吉本鈞が，「教える」という教授行為を「指さし」と捉えていたことが想起されます。動物には指さしが見られず，人間存在固有のものであるというギールの着想を踏まえた吉本(1987, 83-84)は，次のように述べています。

　　教えねばならない対象(教科内容)は，日常の子どもたちの手ではつかむことも，触れることもできないものである。子どもたちの手のとどかないところに

　ある対象を，見えるものとして際だたせ，それを指さすことによって，子ども
たちにその対象をつかみとらせるのである。

　また，次のようにも，吉本(1974，221)は述べています。

　　教師は「指さす」ことによって，子どもを日常的な経験や実用的な交わりか
　ら解き放して，一定の知識にむかって限定していくことができるのである。こ
　れこそが子どもの学習行為をよびおこす教師の教授行為＝教師の問いの役割
　なのである。

　今まで述べてきたことを踏まえ，吉本の「指さし」の言説を筆者なりに捉
えれば，日常的な経験にとらわれ，見える世界に安住する子どもを，見えな
い世界に導くのが教師の「指さし」という教授行為であるということになる
でしょうか。
　さて，「導」はみちびくとかしるべとか読みます。道案内をする意味があ
ります。字としては，「導」は，道と寸でできています。寸は，手の動作を
あらわします。これに道を合わせ，字義は「道を指し示す」ことです。
　以上のことから，「学習」は，子どもが，自らの意思で，得心がいくまで
見習って，身につけることと捉えられるでしょうか。「指導」は，指導者で
ある教師が，子どもたちだけでは見ることが難しい目には見えない社会の仕
組みや関係をつかみとり，日々の生活経験からでは発見できない新しい見方
や考え方を習得するための道案内をすることでしょうか。その際，「子ども
たちにその対象をつかみとらせる」ことが大切となります。子どもたちにそ
の対象を与えるのではなく，子どもたちがその対象をつかみとるのです。そ
のためには，「学習」と「指導」の一体化が必要なのかとも思えます。この
ように，「学習」と「指導」を字義から見てきて，さらにこの両者の相互作
用が「学習指導」であることを思うと，筆者は，鳥の雛が卵から出ようと鳴
く声と母鳥が外から殻をつつくのが同時であるという意から，学ぼうとする
者と教え導く者の息が合って，相通じる「啐啄同機」という言葉が思い出さ
れます。
　最後の「案」は，計画を表しています。教育実習生が，何が何でも指導案
通りに授業をしようとしている場面を見かけることがあります。あくまで，

「学習指導案」は「案」なのですから，「計画は未定にして，決定にあらず」という立場に立ち続けたいものです。

「第６学年２組　社会科学習指導案」とは

　「学習指導案」の冒頭には，「第６学年２組① 社会科②学習指導③案④」と表記されます。では，①〜④には，それぞれどのような意味があるのでしょうか。②〜④は，今までの学びを思い出して答えください。では，自分の考えを下の()に書いてみましょう。

①第６学年２組とは，

②社会科とは，

③学習指導とは，

④案とは，

二つに分けられる単元観

　おおよそ，単元観は，児童観，指導観，教材観の三つに分けられます。この三つをどの順番で記述していくのでしょうか。以下に並べてみてください。
①　　　　　　　　　　②　　　　　　　　　　③
　ところで，単元は，細かく分けると三つあります。一つ目は，経験単元とか生活単元と言われるものです。これは，経験的な内容をまとまりとする単元です。二つ目が，問題単元です。これは，子どもを取り巻く生活上の問題

や，社会的な問題(尊厳死や出生前診断，原子力発電に関わる問題等)に関わる内容をまとまりとする単元です。最後に，教材単元です。これは，教科の基礎的・基本的内容をまとまりとする単元です。多くは，教科書にある内容を踏まえ，単元を構成していきます。

　経験単元とか生活単元は，初期社会科時代によく見かけられました。教材単元は，社会科が系統的に社会事象を教えるように変わりだした昭和30年代以降，よく見られるものです。問題単元は，子どもの生活上の切実な問題を解決するように単元を構想していけば，一つ目の経験単元とか生活単元に収斂していきます。その問題が必ずしも子どもの生活上の切実な問題でなく，社会的な問題である場合は，二つ目の教材単元に収斂していきます。大きくは，経験単元とか生活単元と，教材単元の二つに分かれます。

　現在はほとんど教材単元に基づいて単元が構想されているのが一般的と思われます。経験単元とか生活単元が構想されるのは，社会科の初志をつらぬく会(略称は初志の会，別称は子を育てる教師の集い)等の教育観に共感する教師が単元を構想した場合に，考えられるかもしれません。そこで，ここでは，教材単元に基づく単元観の記述の仕方について述べていきます。

　ところで，単元観については，「単元設定の理由」と表現される場合があります。このことについて，鈴木(1969，82)は，「スコープとシークエンスによって単元を設定したばあいには，『設定の理由』ということになるのであるが，少なくとも『指導要領』を基にしてたてられた『教科書カリキュラム』によって『ひとまとまりの教材』をおさえているならば，『設定の理由』はおかしいことになる。厳密にいうならば，授業をすすめる教師の手によって，そこに独自に経験単元が設定された場合のみ『単元設定の理由』という書き方ができるであろう。」と述べています。したがって，教材単元の場合，基本的には「単元設定の理由」と記述はしないことになります。基本的としたのは，社会科教師は，単元開発の力が求められます。教科書を参考にしたとしても，地域素材を活用して教材開発をし，単元を開発していくことはあります。その場合は，「単元設定の理由」と表現してもかまわないと思います。いずれにしても，「単元観」とか「単元について」と記述すれば，先の問題はなくなります。

さて，以上のことを踏まえて，「二つに分けられる単元観」の冒頭で出題した児童観，指導観，教材観の並び順を考えてみましょう。なお，ここから先に述べることは，もしかしたら今まで述べられていないことかもしれません。筆者の見解ですが，おそらく間違っていないはずです。結論から言えば，教材観，児童観，指導観です。この場合の教材観は，教材観という名称ではありますが，教育内容についての説明が主となります。先に教育内容と教材を峻別する大切さを述べました。あの場合の教育内容を，教材観で述べていくことになります。その意味では，教育内容観とした方がよいかもしれませんが，一般には教材観と言われていますので，そのままにしておきます。その教育内容を子どもたちが獲得していくのに対して，子どもたちはどのような様子なのかを述べたものが，児童観になります。その児童観を受けて，どのように教育内容を教材に組み替え，その教材をどのように活用して授業を展開していくのかを記述したのが，指導観になります。したがって，論理的に考えれば，教材観(教育内容観)，児童観，指導観に流れになっていないとおかしいはずです。

有田和正(1992)『有田式指導案と授業のネタ　1巻　指導案の書き方・生かし方』明治図書

倉沢剛(1946)『社会科の基本問題』誠文堂新光社

後藤博美(1940)『国民科地理の實踐形態』啓文社出版

佐長健司(2010)「社会科指導案の状況論的検討－プランからの解放と授業の自由－」社会科教育研究109，106－27

白川静(1984)『字統』平凡社

鈴木喜代春(1969)『社会科学習指導案の現代化』明治図書

斑目文雄（1952)「指導計画の様式」教育技術研究所編『小学校社会科教育事典』小学館，94－97

吉本鈞(1974)『訓育的教授の理論』明治図書

吉本鈞(1987)『授業の原則　「呼応のドラマ」をつくる』明治図書

第 XIV 講　社会科学習指導案作成の仕方

　一般的な社会科の授業に広く適用可能であるという考えから，第IX講で紹介した伊東亮三の社会科授業構成論に基づき，佐長（1999，13）は，図XIV－1のように学習指導案作成の方法を図化しています。この図を修正しながら，学習指導案作成の具体的な方法について述べていきます。

1　教育内容の検討（いわゆる教材研究）
2　目標となる理解内容の決定
3　知識・理解の構造の作成

　　　　　　　┌──知識B
　理解A ─┼──知識C
　　　　　　　└──知識D

4　問いの構造の作成（発問の構造の作成と表記した方が適切，引用者補足）

　　　　　　　┌──発問b
　発問a ─┼──発問c
　　　　　　　└──発問d

5　資料の選定

　発問b ───────資料ア───────知識B

　発問c ───────資料イ───────知識C

　発問d ───────資料ウ───────知識D

6　授業展開の作成
　知識・理解の構造における知識・理解，選定された資料，問いの構造における発問を授業展開の形式に再構成する。

発問	教授・学習活動	資料	知識
発問a 発問b	T：学習問題として提示する T：発問 C：資料を読む C：答える 　　　（以下略）	資料ア	知識B

図 XIV－1　学習指導案作成の方法

　なお，伊東の社会科授業構成論は，教材単元や現代社会の諸問題を扱うような問題単元にはよく適応しますが，経験単元や生活単元には適応が難しい

と思われます。経験単元や生活単元に基づく社会科授業（例えば，初志の会系の授業）にも目配りが必要です。しかし，紙幅の関係から，より広く見られる教材単元に基づく学習指導案作成の方法について述べていきます。

　佐長（1999，13）では，教育内容の検討をして，授業目標の設定を行う星村・岩田（1983，50－74）の方法を次のように紹介しています。

①　学習指導要領の分析・研究
　　学習指導案を書こうとする単元の内容を中心に，隣接する単元の内容や系統についてまとめる。学習指導要領の記述を参考にして，関連図にする。そうすることによって，学習内容の範囲，程度，重点等について検討できる。

②　教科書の分析・研究
　　単元の全体像をもとに，学習の前提となる条件を確認する。その上で，必要となる資料や知識の記述が不足していないかどうか，について分析していく。

③　社会諸科学の成果の活用
　　学問研究の成果によって，裏付けを行う。学習指導要領，教科書の分析によって，指導したい理解の内容がおおよそ明らかになっている。それについて，社会諸科学が明らかにした法則や概念，理論を参照して検討する。あるいは，社会諸科学の研究成果を理解レベルの内容として導入することもある。

④　教育内容の選定
　　図XIV－1 の「3　知識・理解の構造の作成」のような形で整理して，その全体像を明らかにする。

⑤　子どもの実態分析
　　④の知識・理解の構造と関連させ，学習者の既有の知識や経験を明らかにする。ここで明らかになった既有の知識や経験を，学習に生かすことを検討する。

以上のような過程によって，目標の決定ができる。なお，この目標決定過程は，必ずしも順序通り進むとは限らない。前後しつつそれぞれの内容が関連づけられ，目標決定に至る。

　佐長（1999，13）は，教育内容の検討をして，授業目標の設定を行うと

述べていますが，①〜⑤までで，既に図XIV−1の3知識・理解の構造作成ま
でしています。

　さて，先の星村・岩田の授業目標の設定方法に，2点付加します。まず，
大きな付加点として，④の教育内容の選定までに，「先行実践の分析」を付
加すべきと思います。どこに位置づけるかといえば，現行の学習指導要領下
での先行実践の分析ならば，①と②と平行して行うべきでしょう。さらに，
それ以前の学習指導要領下での実践は適宜分析することとなります。軽微な
付加点として，②「教科書の分析・研究」において，使用している教科書だ
けでなく，発行されている教科書すべての比較・検討をすべきです。

　ここまでで，第IX講の授業設計の第二段階の「これらの理解を得させるた
めの知識を選択すること」までできたわけです。この後は，第IX講の第三段
階，選択した知識を子どもに発見させるために最適な事実やデータの探索を
し，活用する事実やデータを確定します。この作業は，図XIV−1 で言えば，
5の資料選定に相当しますが，まだ「4　問いの構造の作成」ができていま
せん。したがって，図XIV−1 は大幅に修正する必要がありそうです。ここま
でが，教材構成(授業の設計Ⅰのこと)です。

　これ以降は，授業過程の構成に移ります。まず，先に選定した資料を子ど
もに提示し，如何なる発問をしたら良いか考えるわけです。そこで，前述し
た発問と問いを分けることを思い出してほしいわけです。片上の発問づくり
の図式は，二つありました。ここでは，教材単元で考えていますので，より
適応する「教師→教材研究（教材解釈）→問い→発問→子ども」の過程をと
ります。そこで，まずは「問いの構造」を考えるわけです。これは，図XIV−
1の4と表現は同じですが，似て異なるものです。図XIV−1の4は発問の構
造といった方がふさわしいです。ここで言う「問いの構造」とは，例えば次
のようなことです。第IV講の「問の構造と発問の構成」の「バスのうんてん
しゅ」では，六つの基本発問に対応する六つの問いがありますね。では，こ
の六つの問いは，どのような順序で並べれば思考がスムースに深まるのでし
ょうか。そして，どの問いが主要な問いでしょうか。このようなことを考え
るのが「問いの構造」です。

　「問いの構造」が考えられたら，「発問の構造」を考えます。「発問の構
造」を構築する中で，確定した資料が発問にそぐわない場合は，新たな資料

の探索と確定をします。そしていよいよ学習指導案を書くわけです。学習指導案は，それまで行ってきた作業を学習指導案の形式に沿うように再構成す

（1）　学習指導要領の分析・研究　（2）　教科書の分析・研究
（3）　先行実践の分析・研究　　　（4）　社会諸科学の成果の活用
（5）　教育内容の選定(知識・理解の構造の作成)

理解A ┬── 知識B
　　　　├── 知識C
　　　　└── 知識D

（6）　子どもに発見させるために最適な事実やデータの確定

知識B ──── 観察・資料b'
知識C ──── 観察・資料c'
知識D ──── 観察・資料d'

（7）　問いの構造の作成

問いア ┬── 発問A
　　　　├── 発問B
　　　　└── 発問C

（8）　発問の構造の作成

発問A ┬── 発問b
　　　　├── 発問c
　　　　└── 発問d

（9）　資料の再選定(必要な場合)

発問b ──── 観察・資料b' ──── 知識B
発問c ──── 観察・資料c' ──── 知識C
発問d ──── 観察・資料d² ──── 知識D

（10）　学習指導案の作成
　　知識・理解の構造における知識・理解，選定された資料，発問の構造における発問を授業展開の形式に再構成する。
　　①　第○学年社会科学習指導案　　　②　日時　　　③　場所
　　④　単元名
　　⑤　単元について
　　　・教材観
　　　・児童観
　　　・指導観
　　⑥　単元目標
　　⑦　単元の評価規準
　　⑧　単元の指導計画
　　⑨　本時の展開

発問	教授・学習活動	資料	知識
発問a 発問b	T：学習問題として提示する T：発問 C：資料を読む C：答える 　　　　　（以下略）	資料b'	知識B

図XIV−2　修正した学習指導案作成の方法

ることになります。以上述べてきたことを，前頁の図XIV－2にまとめておき
ました。

****

　では，第XIII講106頁の課題の説明をし，本講を終わりとします。
① 　第6学年2組とは，
　これは，小学校6年生の発達段階にそった指導案ですよ。しかも，1組で
もない，3組でもない，2組のための，2組の子どもにそった指導案ですよ
ということを示しています。
② 　社会科とは，
　社会科の指導案ですよと言うことを示しています。つまり，社会科のねら
いにそった指導案ということです。いくら楽しくても社会科じゃない授業は，
罪作りをしているかもしれなかったですよね。
③ 　学習指導とは，
　学習と指導が一致するように心がけた指導案ですよ。子どもの学んでいく
過程と授業者の指導する過程がマッチするように苦心しましたと言うことを
表しています。
④ 　案とは，
　案ですから，予定通りいかないこともありますよ。子ども達に，案を超え
るような姿が見られたら，そちらに乗り換えることもありますよ。逆に，思
ったほどの子どもの学びの表れが出てこない場合は，ねらいを下げて展開し
ていくこともありますよ。いずれにしても，案ですから，決定ではありませ
んということを示しています。

佐長健司（1999）「社会科討論授業のための学習指導案の内容と作成方法」
　　社会系教科教育学研究 11 号，11-18，
星村平和・岩田一彦(1983)「初等社会科の授業構成」社会認識教育学会『初等
　　社会科教育学』，学術図書

第 XV 講　講義を終えるにあたって

－一人も傷つくことがない楽しい社会科の授業を－

「間接性の原理」は，発問や指示だけでなく

　さて，「バスのうんてんしゅさん」では，タイヤの数，つり皮の数，座席の数等々，数に係わる発問をしていました。有田（1985, 155）は，「二年生の子どもの好きな『数』をついていった」と述べています。この「子どもの好きな『数』をついていった」ことが，自ずとあることになっています。もう，皆さんは気がついたでしょう。これは，岩下が提案したBの言葉のカテゴリーの一つ，「数」に着目した「AさせたいならBと言え」を活用した発問です。

　確かに，岩下が述べるように，「AさせたいならBと言え」は，良い発問や指示を生み出す原則です。しかも，先の渡部邸の授業では，A（江戸時代の身分制という「目にみえないもの」）を捉えさせたかったら，B（渡部邸の部屋にある段差という「目に見えるもの」）に着目させて検討させるという活動があります。同じく，婚姻届の授業でも，A（憲法の精神という「目にみえないもの」）を捉えさせたかったら，B（婚姻届という「目に見えるもの」）で討論をさせるという活動があります。教材づくりにも，「AさせたいならBという活動をせよ」とでも言える「間接性の原理」が働いているようです。

　「間接性の原理」は，賞賛という評価にも活用できることを既に述べました。教師の説明でも，「間接性の原理」は有効です。例えば，直接説明するのでなく，例え話などを織り交ぜながら説明すれば，理解が進むことを体験したことがあるでしょう。これは，直接説明するのでなく，例え話を使って間接的に説明しているのです。ここにも，「間接性の原理」が活用されています。これらのことから，「間接性の原理」は，発問，指示，説明，教材づくり，評価に活用できると考えられます。そして，発問，指示，説明，教材づくり，評価を合わせ技で行っていくことが，学校教育実践と言えます。そのことからも，学校教育の営み全般に活用できる原理が，「間接性の原理」

ではないかと思われるわけです。

「意味のある」社会科の授業，それは社会科の本質に迫る授業

　第II講でふれた「なぜ，社会科を学ぶの？」「なぜ，これ(この内容)を学ぶの？」，授業中にこんなことを思っている子どもの問題を思い出してください。社会科が苦手な子どもは，特にそう思うのではないでしょうか。例えば，「鎌倉時代のことを学んでなんになるの？関係ないでしょ。」，「アメリカのことを学んだって，仕方ない。住むわけでもないのに。」というような疑問にどう答えますか？この疑問に直接解答していくことは大切です。ですが，より大切なことは，これらの疑問に対して応える授業を，日頃から心がけていくことではないでしょうか。

　歴史をなぜ学ぶのかを考える際，「温故知新」という言葉がしばしば言われます。これは，歴史から学んで，今の問題を考えるといこうというものです。この他に，なぜ，歴史を学ぶかということで見落とされがちな視点として，昔のことを学んで，異文化理解をすることがあります。これを，「縦の異文化理解」であると，皇學館大学の深草正博は述べています。タイムマシンで鎌倉時代に戻り，当時の人々の生活にふれれば，カルチャーショックを受けることでしょう。これが，正しく，縦の異文化理解が必要となる所以です。グローバル化は，自分と異なる様々な人たちと関わり合う機会が拡大し，異なった文化をも理解する必要性を高めます。このメソッドの第I講でのフレデリック2世の実験やナチスの実験を思い出してください。人は人と関わり合わなければ生きていけない存在です。だとしたら，異文化を理解していくことは，生きることに必要なことでもあります。異文化理解を横に拡張していけば，なぜ，地理を学ぶのかに繋がって行きます。また，今，この地域で問題になっていることを他の地域ではどのように解決したのかという視点で考えていけば，なぜ，地理を学ぶのかに応えることになります。

　以上，述べたことを，言葉で説明するだけでなく，授業の事実で，子どもに説明するというより，体得させていくことが必要なのではないでしょうか。しかし，授業は，先のようなことを考えた授業になっていないことが多いから，「なぜ，社会科を学ぶの？」とか「なぜ，これ(この内容)を学ぶの？」

と思ってしまうのです。授業の事実で，子どもに「なぜ，学ぶのか」を体得させようとした際，第VI講での，教育内容と教材を峻別する必要性を思い出してほしいです。よく憶えていない人は，大切なことですから，第VI講に戻り，教育内容と教材を峻別する必要性を再確認してください。

「なぜ，社会科を学ぶの？」に応える授業は，社会科の本質に迫る，的外れでない授業のはずです。今，ここにある問題を，過去では，他の地域では，どのように解決したのか考える授業。今と違う昔の人々の生きていた時代の文化を理解する，ここと違う他地域の文化を理解する，そのことで様々な人と係わる力を啓培する授業。これらの授業は，社会を形成していく人づくりをする授業であり，社会科の目的に適う授業と言えます。

一人も傷つくことがない楽しい社会科の授業を

最後に，第VI講で紹介した婚姻届を活用した安井実践を，現在するとしたなら，どのような課題があるかを述べて，本メソッドを閉じたいと思います。

まず，子どもに婚姻届を書かせる際，本籍を書かせたりするわけですから，元来人権の問題が横たわっていました。また，両親がいないとか，片親の生徒など，子どもの家庭環境は様々です。さらに，現在では，LGBTの問題にも配慮が必要になるかもしれません。目の前の子どもの実態に合わせて，教材としての婚姻届の活用の仕方を考えなければいけません。書かせることを無理強いするわけではないとしても，場合によっては，いくら魅力的な教材としても，活用しないという決断も必要となって来ます。

ところで，生活科が始まる前に先行して実践していた研究開発学校の授業参観をしたことがあります。今は無くなってしまった単元ですが，郵便の授業でした。クラスの男児の書いた実際のはがきを1畳ほどに拡大してビックはがきにし，黒板に立てかけてクラス全員でより良いはがきにする授業でした。男児は，最初は，自分のはがきが掲示されているためか，にこにこしていました。そのうち，じょじょに顔色が曇り，最後は下を向いてしまいました。友だちから，自分の書いたはがきに，様々な意見を言われたからでしょう。この男児にとっては，授業は彼へのダメ出しの時間になってしまったのではないでしょうか。授業者は，次々と子どもたちから手が上がることに夢

中になり，嬉しそうでした。残念だったのは，授業者だけでなく他の参観者も，男児のことを気にかけていなかったことです。新教科である生活科の授業を如何につくっていくかに関心があったからでしょうか。研究協議では，誰も，この男児の様子にふれる意見はありませんでした。たまらず筆者は，この男児の様子を述べ，どんなに子どもが活発に意見を述べ，どんなに子どもたちが力をつけたとしても，一人の子どもが傷つくのなら，その授業をどう考えるかと質問しました。その時の指導者である大学教員が，筆者の質問に対してどんなことを話したのか，今となっては憶えていません。ただ，記憶にも残らないことを述べた後，授業者を擁護したことだけは憶えています。どんなに魅力的な教材であっても，その教材を活用した授業で一人でも傷つく子ども，嫌な思いをする子どもがいると思われたら，その教材の活用は止めた方がよいのです。折角時間をかけて開発した教材を諦めるのは忍びないことですが，そこは授業者の良識が問われます。一人も傷つくことがない楽しい社会科の授業を心がけることを胸に刻んで，研修に励みたいものです。「学ぶとは誠実を刻むこと，教えるとはともに希望を語ることである（アラゴン）」のですから，子どもを傷つけてしまったら，「ともに希望を語る」どころではなくなってしまいます。

　子どもを傷つけてしまわないためにも，子どもを捉えることに心がけ続けたいです。第Ⅲ講の運動会の練習中，足で地面かき教師に怒られてしまった子どもたちを思い出して下さい。地面に印をつけ，次はしっかり自分の場所に戻ろうと健気な努力をしたのに叱られた子どもたちを。もし，感情が高ぶったとしたら，一呼吸置いて子どもをさぐって下さい。第Ⅺ講，子どもたちに一斉に前に出させて板書させる際，横書きが原則の社会科なのに縦書きをさせたことを思い出して下さい。横書きさせると，書くためにとってしまう子ども一人あたりのスペースが広くなり，すぐ書くことができずに待つ子どもが多くなります。ですから，縦書きさせるのですね。「神は細部に宿る」という言葉を心にとめ，小さなことも大切にして，子どもをさぐる，捉えることに努め続けて下さい。

有田和正（1985）『学級づくりと社会科授業の改造　低学年』明治図書

あとがき－「道は続くよ，どこまでも」－

　授業者になって久しいですが，どこまでやっても満足する授業になりません。満足する授業が出来たと思ったとたん，進歩は止まるのでしょう。授業づくりに終わりはありません。授業者の「道は続くよ，どこまでも」です。

　さて，板書とノートは密接な関係にあり，ノート指導にもふれたかったです。そもそも，どのように授業づくりに関わる力をつけていくかについても述べたいと思いました。まだまだ書きたいことはありますが，紙幅の関係で割愛しました。拙著『学ぶよろこびに迫る　社会科授業づくりと教員の力量形成』溪水社をお読みいただければと思います。この本を1999年に上梓した当時，社会科教育学では教師教育関係の研究は注目されていませんでした。おそらく，社会科教育関係では相当早い時期の力量形成に関わる本だと思います。やや古くなりましたが，この本は，筆者がどのように社会科教師として授業づくりの力量をつけていったかを述べた，ライフヒストリー的な本になっています。今でもそれなりに読む価値のある本ではないかと思います。

　かつて，筆者は，次のように述べたことがあります（伊藤2011，255）。

　　学習指導要領がほぼ10年ごとに改訂されるように，学習指導要領は決して絶対的な基準ではない。民主主義社会とて停滞すれば腐敗し，絶えざる変革が求められる未完成な体制である。従って，私たちは絶えず社会の様相を読みとり，子どもの実態に即した時代を切り拓く実践に心がけていかなければならない。

　未だ，「子どもの実態に即した時代を切り拓く実践」に資する社会科授業づくりに関わる本をまとめられていません。このような，より上級者を対象にした本書の続編とも言うべきものをまとめる機会がありましたならば，あわせて，どのように授業に関わる力をつけるかもまとめてみたいと思います。したがって，筆者の教育研究の「道は続くよ，どこまでも」なのです。

※　伊藤裕康・田中健二他編（2011）『社会への扉を拓く－あなたとつくる生活科・社会科・総合の物語－』，美巧社

元荒川が見える研究室にて
7月7日

【著者紹介】

伊藤　裕康(いとう　ひろやす)

1957 年，愛知県生まれ。愛知教育大学教育学部地理学教室卒業，兵庫教育大学大学院教育学研究科修了，博士(文学)。

愛知県公立小中学校教諭，広島文教女子大学講師，助教授を経て，香川大学教育学部助教授，2004 年より教授。2012 年から 4 年間香川大学教育学部附属坂出中学校校長を併任。2020 年香川大学名誉教授。現在，文教大学教育学部教授，日本教材学会理事，日本教科内容学会理事，全国地理教育学会評議員，鳴門社会科教育学会理事，日本グローバル教育学会常任理事，日本道徳性発達実践学会常任理事。

日本標準教育賞新人賞，日本標準教育賞青年教師優秀賞(2 度受賞)，下中科学研究助成金(教育奨励金)優秀賞，全国地理教育学会優秀賞，全国地理教育学会功労賞。

【主な著書】

『「提案する社会科」の授業 5　出力型授業づくりへの挑戦』(単著)明治図書，1997。『学ぶよろこびに迫る　社会科授業づくりと教員の力量形成』(単著)溪水社，1999。『もう一つの「地理」』 (共著) 溪水社，2000。『憧れ力を育む授業の構想－とびだせ生活科！地域へ！未来へ！総合的な学習へ！－』(単著)溪水社，2001。『社会への扉を拓く－あなたとつくる生活科・社会科・総合の物語－』(編著)美巧社，2011。『未来への扉を拓く道徳教育』(編著)美巧社，2015。『ナラティヴ・エデュケーション入門』(共著)美巧社，2017。『ナラティヴ・エデュケーションへの扉をひらく〜個と集団をつなぎ，主体性と協同性を統合し，「生きること」と「学ぶこと」を架橋する中学校の授業実践』(編著)美巧社，2019。『法教育・社会科教育とその周辺』(編著)美巧社，2020 他多数。

眠られぬ教師のための
社会科授業づくりのメソッド

2020 年 9 月 8 日　第 1 版発行

定価　1,350 円＋税

著　者　　伊藤　裕康

発行所　　株式会社　美巧社

〒760-0063　香川県高松市多賀町 1 － 8 － 10

ISBN 978-4-86387-141-0 C1037